Cymru a'r Rhyfel Byd Cyntaf

Cymru a'r Rhyfel Byd Cyntaf

GWYN JENKINS
A
GARETH WILLIAM JONES

CYNGOR LLYFRAU CYMRU

ISBN: 978 1 78461 111 8
Argraffiad cyntaf: 2015

Mae'r prosiect Stori Sydyn/Quick Reads yng Nghymru
yn cael ei gydlynu gan Gyngor Llyfrau Cymru
a'i gefnogi gan Lywodraeth Cymru.

Argaffwyd a chyhoeddwyd gan
Y Lolfa, Talybont, Ceredigion SY24 5HE
gwefan www.ylolfa.com
e-bost ylolfa@ylolfa.com
ffôn 01970 832 304
ffacs 832782

Cynnwys

Ewrop, 1914

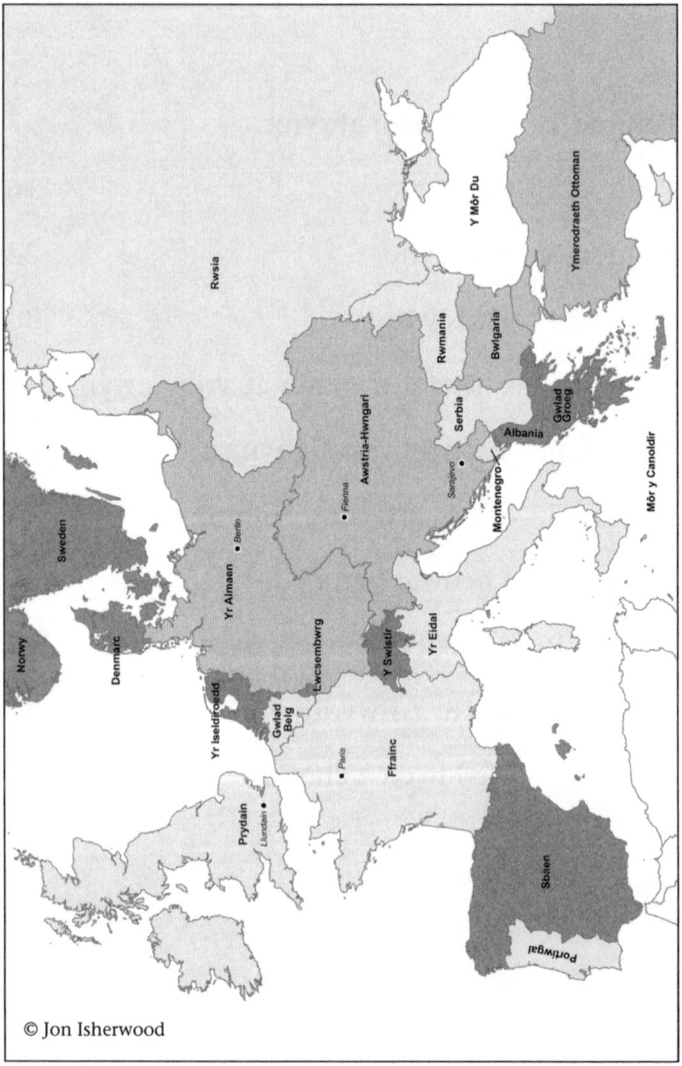
Rwsia
Y Môr Du
Ymerodraeth Ottoman
Rwmania
Bwlgaria
Serbia
Awstria-Hwngari
Fienna
Sarajevo
Gwlad Groeg
Albania
Montenegro
Môr y Canoldir
Sweden
Norwy
Denmarc
Berlin
Yr Almaen
Lwcsembwrg
Y Swistir
Yr Eidal
Yr Iseldiroedd
Gwlad Belg
Paris
Ffrainc
Prydain
Llundain
Sbaen
Portiwgal
© Jon Isherwood

Y Cynghreiriaid | Y Pwerau Canol | Niwtral

1914: Troi at ryfel

Dechrau Awst 1914 roedd **Robert Lloyd Davies**, cyn-was fferm o'r Parc, ger y Bala, yn filwr gyda'r Ffiwsilwyr Cymreig. Erbyn 5 Awst 1914 roedd y Preifat Robert Davies yn paratoi i groesi'r Sianel i'r Cyfandir.

Glöwr oedd **Huw T. Edwards** o Ro-wen, Dyffryn Conwy, yn gweithio i lawr ym mhyllau glo de Cymru ac yn aelod o'r Army Reserve. Derbyniodd neges i ymuno â'r fyddin, a hynny ar frys.

Byddai'r rhyfel hir a dinistriol yn newid bywydau'r ddau. Yn ystod y pedair blynedd nesaf byddai miloedd ar filoedd o ddynion ifanc a'u teuluoedd yn dioddef ar hyd a lled y byd. Ond pam mynd i ryfel?

Am flynyddoedd cyn 1914 bu tensiwn rhwng gwledydd mawr Ewrop. Cytunodd llywodraeth gwledydd Prydain, Ffrainc a Rwsia i amddiffyn ei gilydd oherwydd eu bod yn ofni bod yr Almaen yn tyfu'n rhy gryf. Ond roedd llywodraeth yr Almaen yn poeni bod Rwsia yn ei bygwth o'r dwyrain a Ffrainc o'r gorllewin, a gwnaeth gytundeb tebyg gydag Awstria-Hwngari. Ateb arweinwyr y gwledydd hyn i'r tensiwn oedd cael mwy o filwyr a llongau milwrol.

Am flynyddoedd cyn 1914 roedd perygl i'r gwledydd hyn ddechrau brwydro yn erbyn ei gilydd ond wnaethon nhw ddim. Llwyddon nhw i osgoi rhyfel drwy drafod. Ond ar 28 Mehefin 1914 cafodd yr Arch-ddug Franz Ferdinand a'i wraig eu llofruddio yn nhref Sarajevo yng ngwlad Serbia. Un o wledydd y Balcan yw Serbia. Dyn ifanc o Serbia oedd eisiau hunanlywodraeth i'w wlad oddi wrth Awstria-Hwngari oedd y llofrudd. Petai'r Arch-ddug Franz Ferdinand wedi byw, ef fyddai wedi etifeddu coron Awstria-Hwngari a dod yn ymerawdwr.

Yn naturiol, felly, roedd llywodraeth Awstria-Hwngari yn ddig iawn. Ers amser roedden nhw'n credu bod Serbia yn creu llawer gormod o drafferth iddyn nhw a nawr roedd Serbiad wedi lladd etifedd coron eu gwlad. Roedden nhw'n credu bod angen dysgu gwers i'r Serbiaid. Defnyddion nhw'r esgus nad oedd llywodraeth Serbia wedi delio â'r digwyddiad yn iawn. Felly, cyhoeddodd arweinwyr Awstria-Hwngari ryfel yn erbyn Serbia ar 28 Gorffennaf 1914.

Roedd gwledydd y Balcan yn bwysig i Rwsia, ac felly cyhoeddon nhw eu bod am gynnig help i Serbia amddiffyn ei gwlad ar 30 Gorffennaf 1914. Pan welodd arweinwyr yr Almaen fod Rwsia am ymladd yn erbyn Awstria-Hwngari, roedd arnyn nhw ofn y byddai Rwsia yn ymosod arnyn nhw hefyd. Roedd arnyn nhw ofn y byddai Ffrainc hefyd yn ymuno yn y rhyfela gan fod cytundeb rhwng Ffrainc a Rwsia. Y perygl oedd y byddai Rwsia yn ymosod ar eu gwlad o'r dwyrain a Ffrainc yn ymosod o'r gorllewin. Rai blynyddoedd ynghynt roedd cyn-bennaeth byddin yr Almaen, Alfred von Schlieffen, wedi llunio cynllun milwrol i ddelio â'r fath sefyllfa. Byddai'n rhaid i'r Almaen ymosod ar Ffrainc yn gyntaf a choncro'r wlad yn gyflym, cyn troi at y dwyrain ac ymosod ar Rwsia.

Er mwyn concro Ffrainc yn gyflym byddai'n rhaid i'r fyddin deithio drwy Wlad Belg, oherwydd roedd gan Ffrainc fyddin gref iawn ar y ffin rhyngddi hi a'r Almaen. Felly, byddai ymosod ar Ffrainc yn y fan honno yn anodd ac yn cymryd llawer gormod o amser. O ganlyniad, cyhoeddodd yr Almaen ryfel yn erbyn Rwsia yn gyntaf ar 1 Awst, ac yna yn erbyn Ffrainc ar 3 Awst. Gwyddai'r Almaen fod Gwlad Belg yn wlad niwtral a bod cytundeb rhwng Prydain a Gwlad Belg. Eto i gyd, penderfynodd yr Almaen groesi Gwlad Belg er mwyn ymosod ar Ffrainc, gan gredu na fyddai Prydain yn ymuno yn yr ymladd.

Ofn mawr Prydain ers tro oedd y byddai grym yr Almaen yn tyfu'n rhy gryf yn Ewrop. Gallai hynny beryglu'r Ymerodraeth Brydeinig, a dyna'r prif reswm pam yr aeth Prydain i ryfel yn erbyn yr Almaen. Ond, wrth gwrs, roedd hen addewid ers 1839 i amddiffyn Gwlad Belg yn rheswm da i'w roi i'r bobl dros fynd i ryfel. Ar 4 Awst 1914 cyhoeddodd Prydain ryfel yn erbyn yr Almaen.

Roedd y rhyfel felly yn frwydr fawr rhwng y Cynghreiriaid, sef Prydain a'i hymerodraeth, Ffrainc, Rwsia, Serbia a'r Eidal ar y naill law. Yn eu herbyn roedd yr Almaen, Awstria-Hwngari, Bwlgaria a Thwrci. Ymunodd rhai gwledydd eraill yn y rhyfel yn ddiweddarach, gan gynnwys yr Unol Daleithiau.

Collodd dros wyth miliwn o filwyr eu bywydau yn y rhyfel rhwng Awst 1914 a Thachwedd 1918, gan gynnwys dros 30,000 o Gymru. Y Rhyfel Byd Cyntaf oedd un o'r rhyfeloedd mwyaf gwaedlyd erioed.

*

Yn ystod Awst 1914 croesodd tua 80,000 o filwyr y Sianel o Brydain i Ffrainc cyn dod wyneb yn wyneb â'r Almaenwyr ger tref Mons yng Ngwlad Belg. Dyma frwydr fawr gyntaf y Rhyfel Byd Cyntaf ac roedd Huw T. Edwards a Robert Lloyd Davies yno.

Cafodd Huw T. Edwards ei hyfforddi yn Preston gan y Royal Field Artillery i yrru chwe cheffyl oedd yn tynnu magnel. Disgrifiodd y 'Driver' ifanc yr awyrgylch:

Hyd at glywed sŵn y gynnau roeddym oll yn hapus ryfeddol, ac yn canu'r caneuon mwyaf poblogaidd, ond yna dyma ni'n sylweddoli fod y gelyn a ninnau yn siŵr o ddod wyneb yn wyneb yn fuan. Peidiodd y canu am funud neu ddau. Yna dechreuodd y canu unwaith eto, y tro hwn yn uwch ac ymlaen â ni am Mons.

Martsiodd y Preifat Robert Lloyd Davies gydag ail fataliwn y Ffiwsilwyr Cymreig am dros 35 awr yn ddi-stop cyn cyrraedd tref fechan Vicq, ger Mons. Dywedodd fod rhai o bobl Vicq wedi dweud wrthyn nhw fod yr Almaenwyr yno ers dau ddiwrnod. Disgrifiodd sut yr aeth ef a gweddill y bataliwn ati i amddiffyn y dref. Ond er iddyn nhw glywed sŵn gynnau'r 'Germaniaid' yn saethu yn y pellter drwy'r nos, welson nhw yr un ohonyn nhw.

Y diwrnod canlynol yn gynnar yn y bore, wrth iddyn nhw fartsio o dref Vicq, dechreuodd yr Almaenwyr danio atyn nhw o bob cyfeiriad. 'Yr oedd yn frwydr erchyll' oedd geiriau Robert Lloyd Davies. Roedd y shrapnel yn ffrwydro bob hanner munud ond, yn rhyfedd iawn, ni chafodd neb ei ladd. Symudodd ef a'r milwyr eraill ymlaen a dod i dir gwastad. Cawson nhw eu synnu pan welson nhw lawer iawn o filwyr Prydain mewn ffosydd yn barod i ymladd. Ymunodd y Ffiwsilwyr Cymreig â nhw.

'Roedd y Germaniaid yn rhy bell i ni danio arnynt gyda'r drylliau, ond bu i ni roddi ein gynnau mawrion i'w weithio, ac roedd eu sŵn i'w clywed dros yr holl wlad,' meddai Robert Lloyd Davies. Aethon nhw â'r gynnau mawr yn nes at yr Almaenwyr ac yna defnyddio'u reiffls. Cafodd bataliwn Robert Lloyd Davies orchymyn i geisio stopio'r Almaenwyr rhag gwneud cylch o gwmpas milwyr Prydain. Ond roedd y bataliwn yn rhy fach a'r Almaenwyr yn rhy gryf. Cafodd y bataliwn orchymyn i symud yn ôl, a bu'n rhaid iddyn nhw gilio am naw neu ddeg diwrnod.

Disgrifiodd Robert Lloyd Davies sut y saethodd yr Almaenwyr atyn nhw a'u bod wedi colli llawer o ddynion. Gorweddodd llawer o ddynion ar y llawr am eu bod wedi blino'n ofnadwy, a welson nhw mo'r rheini byth wedyn. Ychydig iawn o orffwys gawson nhw oherwydd bod yr Almaenwyr yn tanio atyn nhw drwy'r adeg. Yn y diwedd cyrhaeddodd y rhai oedd ar ôl o'r bataliwn lannau afon Marne, 14 milltir y tu allan i Baris. Yno cawson nhw gefnogaeth, a llwyddodd byddinoedd Ffrainc a Phrydain i wrthsefyll yr Almaenwyr ar lannau afon Marne i'r gogledd o Baris.

Gwelodd Robert Lloyd Davies lawer o bethau ofnadwy yn ystod y brwydrau hyn: 'Plant bach a gwragedd yn rhedeg o'u cartrefi... eu holl gartrefi cysurus wedi'u llosgi... a milwyr yn wylo wrth [weld] yr olwg arnynt.' Cafodd 'y golygfeydd difrifol' effaith mawr ar Robert a'i wneud yn benderfynol i 'ymladd hyd farw... Buasai yn dda iawn gennyf weled ychwaneg o fechgyn Cymru yn cymryd rhan yn y brwydrau hyn.'

*

Myfyriwr ymchwil yng Ngholeg Aberystwyth oedd **William Thomas** o Landysilio, sir Benfro. Ymunodd â Chatrawd Sir Gaer fel swyddog. Yn hydref 1914 roedd y Lefftenant William Thomas yn un o'r brwydrau ar lannau camlas La Bassée, ar y ffin rhwng Ffrainc a Gwlad Belg. Yn ystod yr ymladd saethodd Almaenwr y Lefftenant H. N. Harrington yn ei stumog. Yn ôl ei ddyddiadur saethodd William Thomas yr Almaenwr 'fel ei fod yn goner'. Cariodd Thomas y Lefftenant i ysgubor yn ymyl a gwlychu ei wefusau â brandi. Ond roedd Harrington wedi'i anafu'n ddifrifol. Ei eiriau olaf oedd: 'Oh God, all is over. Thanks Thomas, cheer-ho, go to the men – they need you more than I. Goodbye.'

Aeth William Thomas yn ôl at ei ddynion, ond

o fewn dim cafodd ei saethu yn ei ysgwydd a'i anafu'n ddifrifol. Roedd yn credu y byddai yntau hefyd yn marw. Cafodd ei gario i gegin fferm lle roedd cyrff yn gorwedd yn farw, ac yntau erbyn hyn yn anymwybodol. Bu'n gorwedd yno am dair awr a mwy cyn deffro a dechrau gweiddi am help. Erbyn hyn roedd y fferm ar dân a chafodd ei gario i'r seler, lle dechreuodd un o'r *medics* ei drin. Roedd mewn poen ofnadwy ac roedd y tŷ'n crynu wrth i'r bomiau ddisgyn ar y fferm. Doedd dim gobaith dianc, felly'r noson honno penderfynon nhw ildio i'r Almaenwyr a daeth yr ymladd i ben.

O'r 70 o ddynion yn y cwmni ar lan camlas La Bassée y bore hwnnw, dim ond 16 oedd yn dal yn fyw ar ddiwedd y dydd. Cafodd William Thomas ei gario i ysbyty mewn lle o'r enw Billy-Berclau, lle cafodd ei drin yn dda. Yna aeth i garchar rhyfel Paderborn, Westphalia, yn yr Almaen. Yn Rhagfyr 1914 ysgrifennodd o'r carchar at ei chwaer gan ddweud nad oedd yn difaru ymuno â'r fyddin ac y byddai'n fodlon ymladd eto a chael ei ladd hyd yn oed:

Gwell yw marw yn fachgen dewr,
Na byw yn fachgen llwfwr.

Ond wnaeth William Thomas ddim ymladd

wedyn gan iddo fod yn garcharor am weddill y rhyfel.

*

Roedd y morwr **Dai Jenkins** o Aberystwyth yn aelod o'r Royal Naval Reserve ac ymunodd â llong ryfel yr HMS *Jupiter*. Ym mis Hydref 1914 roedd ar yr HMS *Jupiter* yn y Sianel rhwng Lloegr a Ffrainc yn amddiffyn y llongau oedd yn cario milwyr draw i Ffrainc. Yna, yn Chwefror 1915 cafodd yr HMS *Jupiter* y gwaith peryglus o gario bwyd, ac arfau hefyd mae'n siŵr, i Rwsia drwy'r Môr Gwyn. Mewn rhai mannau roedd yn rhaid defnyddio deinameit i dorri drwy'r rhew. Ar ôl llawer o waith caled cyrhaeddodd yr HMS *Jupiter* borthladd Archangel yn niwedd Mawrth 1915. Derbyniodd Dai Jenkins ac un ar ddeg o forwyr eraill o Aberystwyth fedal arian arbennig gan y Rwsiaid am eu gwaith arwrol.

*

Er i filoedd o'u cyd-Gymry gael eu lladd yn y Rhyfel Byd Cyntaf, roedd y Preifat Robert Lloyd Davies, Driver Huw T. Edwards, Lefftenant William Thomas a'r morwr Dai Jenkins yn bedwar lwcus iawn. Daeth y pedwar adref yn fyw.

15

PENNOD 2

Recriwtio

ER BOD RHAI'N CREDU y byddai'r rhyfel drosodd erbyn Nadolig 1914, roedd y Gweinidog dros Ryfel, yr Arglwydd Kitchener, yn gwybod yn wahanol. Gwyddai y byddai'r rhyfel yn para am flynyddoedd, a chan fod cymaint yn cael eu lladd yn y brwydro byddai angen llawer iawn mwy o ddynion. Roedd Kitchener am godi 'byddin newydd' o dros filiwn o ddynion drwy ymgyrch fawr o recriwtio. Roedd David Lloyd George, aelod o'r llywodraeth a'r gwleidydd mwyaf dylanwadol yng Nghymru ar y pryd, am sefydlu 'Corfflu Cymreig' (Welsh Army Corps). Perswadiodd Kitchener y byddai hwn yn ddull effeithiol o recriwtio dynion ifanc o Gymru i ymuno â'r fyddin. Daeth y Cadfridog **Owen Thomas** o Lanfechell, sir Fôn, yn bennaeth ar y corfflu newydd.

Roedd gweinidogion yr efengyl, fel y Parchedig **John Williams** o Frynsiencyn, sir Fôn, ffrind i Lloyd George, yn barod iawn i helpu gyda'r recriwtio. Neges y Parch. John Williams oedd gofyn 'i ddynion ifanc sefyll i fyny'n ddewr... dros eich gwlad, dros eich rhyddid a thros eich Duw'. Neges y Cadfridog Owen Thomas i fechgyn Cymru oedd bod yn rhaid stopio'r Almaenwyr ar y

Cyfandir cyn iddyn nhw gyrraedd Cymru. 'Drwy ymladd yn ddewr yno,' meddai Owen Thomas, 'yr amddiffynir ein gwlad... y diogelir ein cartrefi tawel, y cedwir ein merched yn bur, a'n plant a'n henafgwyr rhag cael eu llofruddio.' Collodd y Cadfridog Owen Thomas dri mab yn y rhyfel.

Cafodd poster recriwtio ei osod ym mhob tref a phentref. Un o'r bobl ifanc gafodd eu denu gan y posteri oedd **William Jones-Edwards** o bentref Ffair-rhos, ger Tregaron yng Ngheredigion. Aeth William, heb ddweud gair wrth ei fam a'i dad, i Aberystwyth ac ymuno â'r fyddin. Erbyn iddo gyrraedd Aberystwyth nid oedd mor siŵr a ddylai ymuno, ond cafodd ei berswadio gan y swyddogion recriwtio. Pan aeth adref a dweud wrth ei fam a'i dad, 'bu Mam druan bron â thorri ei chalon ac aeth fy nhad yn fud'. Tawel hefyd oedd ei chwiorydd a'i frawd, ddim yn gwybod beth i'w ddweud. Ac meddai William: 'nid oes eisiau dyfalu beth oedd teimladau Mam-gu a'm modrybedd.'

Roedd y rhesymau dros enlistio yn amrywio o berson i berson. Ar wahân i'r pwysau gan y wasg, y gwleidyddion a'r ymgyrch recriwtio, roedd dylanwad cyd-weithwyr a ffrindiau hefyd yn ddigon i berswadio llawer i ymuno. Yn ôl y Preifat **John Davies** o Lanwrda, sir Gaerfyrddin, a ymunodd â'r fyddin yn Ionawr 1915, 'O'n i'n

17

gwybod dim beth o'dd o'n blaen ni... O'dd King and Country ddim mor bwysig â hynny. Fe es i achos bod y rhan fwya o'm ffrindie yn mynd... rhyw fynd gyda'r "crowd" o'dd hi yn yr ardal 'ma.'

Roedd llawer o lowyr cymoedd y de yn chwilio am gyfle i adael y gwaith trwm o dan ddaear. Sylw **Oliver Powell**, glöwr o Dredegar, oedd: 'Oh ie, gwladgarwr mawr oeddwn i. Roeddwn yn blydi falch i ddianc o'r pwll glo. Roeddwn yn meddwl y bydde ni'n cael amser da, cael antur fawr. Roedd y cyfan fod drosodd erbyn y Nadolig.'

Roedd William Jones-Edwards, John Davies ac Oliver Powell ymhlith 120,000 o Gymry oedd wedi ymuno â'r lluoedd arfog erbyn diwedd 1915. Cafodd y Corfflu Cymreig enw newydd yn Ebrill 1915, sef Adran 38 (Gymreig). Pan gyrhaeddon nhw'r ffosydd, dim ond bathodyn y ddraig goch ar ysgwydd y milwyr a roddai unrhyw awgrym o'u cefndir Cymreig.

*

Nid dynion yn unig a ymunodd. Roedd angen merched hefyd, yn arbennig i wasanaethu mewn ysbytai. **Emilie Evans** oedd metron Ysbyty Aberystwyth cyn y rhyfel. Erbyn hydref 1914 roedd hi wedi symud i Netley, ger Southampton, lle roedd Ysbyty'r Cymry wedi'i agor. Cafodd Emilie Evans ei phenodi'n fetron yno.

Casgliad o adeiladau pren yn agos i'r Royal Victoria Hospital oedd Ysbyty'r Cymry. Ysbyty dros dro oedd hwn i fod ar y dechrau, ond fe fu Ysbyty'r Cymry ar agor o 1914 tan 1918. Bu tîm o ddoctoriaid a nyrsys yn trin dros 20,000 o gleifion yn ystod y cyfnod yma. Cant o welyau oedd yno ar y dechrau, ond tyfodd i fod dros dri chant. Roedd angen arian i dalu am yr ysbyty, a chafodd 'Cronfa'r Ysbyty Cymreig' ei chreu. Yn ystod mis Awst 1914 yn unig derbynion nhw £28,000. Yn ôl hysbyseb y Gronfa, roedd digon o bopeth yn yr ysbyty – yr holl offer meddygol roedd eu hangen, ac roedd yn ysbyty cwbl Gymreig. Cymraeg fyddai'r nyrsys yn y coridor yn ei siarad. Yno, roedd 'wynebau Cymreig, llygaid Cymreig a lleisiau Cymreig, sy'n cadarnhau mai Ysbyty Cymreig yw hi'.

Mae un peth yn sicr: bu'n rhaid i Emilie Evans a'i staff yn yr ysbyty yn Netley, fel mewn cannoedd o ysbytai eraill ym Mhrydain ac ar y ffrynt, drin clwyfau difrifol iawn. Byddai rhai milwyr wedi colli braich neu goes, eraill yn dioddef o *trench foot*, a llawer wedi'u dallu gan nwy gwenwynig.

Nyrs arall fu'n gwasanaethu yn y rhyfel oedd **Gwenllian Morris**. Nyrs ardal yng Ngheredigion oedd Gwenllian cyn y rhyfel. Ymunodd â'r Groes

Goch ar ddechrau'r rhyfel a dod yn nyrs mewn ysbyty ar gyfer 15,000 o filwyr yn St Malo, Ffrainc. Yn Ffrainc teithiodd ar drên y Groes Goch yng nghwmni 325 o filwyr oedd wedi'u hanafu. Yn ddiweddarach cafodd Gwenllian difftheria a bu'n rhaid iddi ddod yn ôl i Brydain. Ar ôl gwella dewisodd fynd i wlad dramor unwaith eto. Aeth i Serbia y tro hwn, ond ar y ffordd yno arhosodd ar Ynys Malta i drin y milwyr oedd wedi cael eu clwyfo yn y brwydro yn Gallipoli. Ar ôl cyrraedd Serbia bu'n nyrs mewn gwersyll ger Požaravec, yn agos at afon Danube. Teiffws oedd y broblem fwyaf yno – clefyd cyffredin iawn ymysg y milwyr a'r ffoaduriaid (*refugees*). Roedd 5,000 yn dioddef o deiffws yn y gwersyll yn Požaravec. Câi'r teiffws ei ledaenu gan y llau oedd yn byw ar gyrff ac yn nillad y milwyr. Gallai'r teiffws arwain at niwmonia ac achosi i'r clwyfau droi'n fadredd (*gangrene*). Yn ôl yr hanes, bu o leiaf 200,000 farw o deiffws yn Serbia yn ystod chwe mis cyntaf 1915 yn unig.

Yn hydref 1915 cafodd Gwenllian Morris ei dal pan ymosododd byddinoedd Awstria-Hwngari, yr Almaen a Bwlgaria ar Serbia. Gwyddom iddi gael ei rhoi mewn carchar yn Villa Sava, ger Belgrad, ond wyddon ni ddim am ei hanes wedyn tan 1920 pan dderbyniodd ddwy fedal am ei gwasanaeth.

*

Nyrs arall a weithiodd mewn gwlad dramor oedd **Elizabeth Wilkins** o Gastell-nedd. Yn 1912, cyn i'r rhyfel ddechrau, roedd wedi cael swydd mewn ysgol nyrsio a chlinig yn ninas Brwsel, Gwlad Belg. Yno bu'n gyfrifol am ward o gleifion a hefyd am hyfforddi nyrsys.

Yn ystod y rhyfel daeth yr adeilad o dan ofal y Groes Goch, a daeth Elizabeth Wilkins yn ddirprwy i'r metron, Edith Cavell. Yn gynnar yn y rhyfel roedd yr Almaenwyr wedi concro'r ddinas ond parhaodd y ddwy i weithio yn yr ysbyty. Dechreuodd Edith Cavell, gydag eraill o'r ddinas, gynnig help i'r milwyr ddianc rhag yr Almaenwyr. Er mwyn dianc bydden nhw'n teithio dros y ffin i wlad niwtral yr Iseldiroedd. Daeth hyn i sylw'r Almaenwyr a chafodd Edith Cavell ei harestio yn Awst 1915. Roedd yn achos o frad yn ôl cyfraith yr Almaen, ac ar ôl cwrt marsial cafodd ei saethu gan sgwad saethu ym mis Hydref 1915.

Felly, daeth yr ysbyty o dan ofal Elizabeth Wilkins, a hi dderbyniodd lythyr olaf Edith Cavell. Cafodd achos saethu Edith Cavell gan yr Almaenwyr sylw mawr ar draws y byd. O ganlyniad credai llawer fod yr Almaenwyr yn farbariaid. Bu hyn o gymorth i ennill cefnogaeth i achos y Cynghreiriaid, yn arbennig yn yr Unol Daleithiau.

PENNOD 3

Y ffosydd

CYRHAEDDODD NADOLIG 1914 OND nid oedd sôn fod y rhyfel am ddod i ben. Erbyn hyn roedd byddinoedd y ddwy ochr wedi adeiladu ffosydd hir (*trenches*) ar hyd y ffrynt gorllewinol. Bore Nadolig 1914 bu un o ddigwyddiadau mwyaf rhyfeddol yr holl ryfel. Mewn rhai mannau ar y ffrynt roedd milwyr y ddwy ochr yn canu carolau, gan gynnwys milwyr y Ffiwsilwyr Cymreig. Canodd y Cymry garolau Cymraeg ac roedd yr Almaenwyr yn canu 'Stille Nacht' (Dawel Nos). Peintiodd un Cymro'r geiriau 'A Merry Christmas to you all' a llun o'r Kaiser (ymerawdwr yr Almaen) ar ddarn o gynfas a'i roi uwchben y ffos. Cafodd yr ateb 'Esteemed thanks' ei osod uwchben ffos yr Almaenwyr.

Yn ystod y dydd dringodd rhai milwyr o'r ddwy ochr o'r ffosydd a chroesi 'tir neb' i roi anrhegion i'w gilydd. Corn-bîff, stiw, jam, cacennau, bisgedi, siocled, te, sigaréts a phwdinau Nadolig oedd rhai o anrhegion y Prydeinwyr. Rhoddodd yr Almaenwyr sigârs, losin, cnau, siocledi, selsig, *sauerkraut*, coffi, *cognac*, *schnapps* a gwin i'r Prydeinwyr. Chwaraeodd y ddwy ochr gêmau pêl-droed a thynnu ffotograffau o'i gilydd hefyd. Roedd pawb yn ffrindiau. Yn ôl un swyddog,

'Nid oedd gronyn o gasineb y diwrnod hwnnw.' Cafodd y ddwy ochr gyfle hefyd i gladdu cyrff y degau o filwyr oedd wedi'u lladd ac yn gorwedd yn nhir neb.

Dim ond mewn rhai mannau ar y ffrynt y bu rhannu anrhegion a chwarae pêl-droed. Roedd llawer yn dibynnu ar y swyddogion. Roedd rhai yn erbyn dod allan o'r ffosydd oherwydd y perygl, ac eraill ddim am gymysgu â'r gelyn. Wnaeth y cadoediad hwn ddim para'n hir. Ar ôl y Nadolig aeth y ddwy ochr ati i saethu a bomio ei gilydd, fel cynt.

*

Roedd **Arthur Morris** o Lanuwchllyn yn *sapper* yn ystod y rhyfel. Mae'r gair *sapper* yn dod o'r gair Ffrangeg *saper*, sy'n golygu un sy'n cloddio neu'n tyllu. Rhan o waith y *sappers* yn y Rhyfel Byd Cyntaf oedd cloddio ffosydd, ac erbyn diwedd 1914 roedd tua 450 o filltiroedd o ffosydd wedi'u creu. Roedden nhw'n ymestyn o Fflandrys, sef rhan o Wlad Belg, yn y gogledd, hyd at y ffin rhwng Ffrainc a'r Swistir yn y de. Dyma'r ffosydd blaen, a fyddai'r ffrynt gorllewinol hwn ddim yn newid llawer tan y brwydrau yng ngwanwyn 1918.

Ar ôl iddyn nhw gyrraedd y ffrynt, byddai'r

milwyr yn treulio tua 15 y cant o'u hamser yn y ffosydd blaen a 40 y cant o'u hamser mewn ffosydd wrth gefn. Bydden nhw treulio gweddill eu hamser yn cael hyfforddiant pellach ac yn gorffwys. Pan fydden nhw yn y ffosydd blaen, eu gwaith fyddai amddiffyn y ffosydd a chymryd rhan mewn ambell frwydr ar draws 'tir neb'.

Mewn llythyr adre i Lanuwchllyn disgrifiodd Arthur Morris y ffosydd ar ôl iddo'u gweld am y tro cyntaf fel hyn: 'teimlwn eu bod o leiaf yn gysgodol rhag y gwynt oer.' Roedd Arthur yn weddol hapus gyda chyflwr y ffosydd dwfn a llydan a welsai gyntaf gyda llawr o goed o dan draed.

Ond yna gwelodd fod eu cyflwr yn newid o fan i fan, a hynny'n sydyn. 'Weithiau byddem yn glynu mewn troedfedd o fwd,' meddai. Y funud nesaf byddai'r ffos mor gul nes byddai'n rhaid iddyn nhw gerdded wysg eu hochr. Fel arfer roedd y ffosydd tua saith troedfedd o ddyfnder ac wedi'u hadeiladu yn igam-ogam yn fwriadol er mwyn lleihau effaith ffrwydron a allai lanio ynddyn nhw. Roedd hi'n hawdd iawn mynd ar goll yn y ffosydd hyn.

'Daethom i ffos a oedd mewn cyflwr hynod o ddrwg,' ysgrifennodd Arthur Morris. 'A synnais pan ddeallais ein bod yn y "front line", rhyw gan llath a hanner o ffosydd y gelyn... Bu agos i mi â thorri fy nghalon mor ddi-lun oeddwn yn sefyll mewn mwd bron at ben fy nglin.' Roedd y ffosydd hefyd yn gartref poblogaidd i lygod mawr.

Yn Ebrill 1917 disgrifiodd yr Is-gorporal **John Howell Roberts** o Gorwen gyflwr y ffosydd: 'rydym dros ein gliniau mewn dŵr, er dair wythnos yn ôl roeddem hyd at ein canol mewn dŵr. Rydym yn fwd i gyd.' Mae'n disgrifio casglu llythyron yn y ffosydd un diwrnod pan aeth yn sownd yn y mwd heb neb yn agos ato i'w helpu. Beth allai ei wneud? Roedd yn gwisgo esgidiau rwber mawr, felly tynnodd ei draed allan ohonyn nhw. Yna, tynnodd yr esgidiau rwber allan o'r mwd, eu cario, a'u gwisgo ar ddiwedd ei daith. Mae'n debyg bod mynd yn sownd yn y mwd yn rhywbeth cyffredin oherwydd, yn ôl John Howell Roberts: 'Maent yn mynd yn sownd yn y ffos gan eu gorfodi (y milwyr) i adael eu hesgidiau ar ôl.'

Cafodd llawer eu lladd neu eu clwyfo yn y ffosydd gan ffrwydron fyddai'n cael eu tanio gan y gynnau mawr – y magnelau – a gynnau morter. Rhoddodd y milwyr enwau rhyfedd ar y ffrwydron hyn, fel *Jack Johnsons* (ar ôl y pencampwr bocsio croenddu o America), *whizz-bangs* a *rum-jars*.

Roedd y Sarjant **Bob Edwards** o Fetws Gwerful Goch, sir Ddinbych, yn filwr oedd yn gofalu am fagnel, a soniodd am weld cyrff dynion yn cael eu taflu i'r awyr. Dywedodd mai 'profiad dychrynllyd yw gweld y trueiniaid yn gorwedd yn eu gwaed'. Disgrifiodd eu clywed yn cwyno yn eu poen, 'yn griddfan o dan eu clwyfau'.

Pan na fyddai'r milwyr yn ymladd, byddai'n rhaid iddyn nhw wylio'r gelyn drwy ddringo ysgol a chodi eu pennau uwchlaw'r parapet – gwaith peryglus iawn. Byddai sneipwyr yn cuddio yn nhir neb, yn aros i weld rhywun yn codi ei ben uwchlaw parapet y ffos. Roedd rota ar gyfer gwneud hyn, a phan na fydden nhw'n gwylio byddai'r milwyr yn ceisio cysgu ar eu heistedd mewn twll ymochel. Ar ôl Chwefror 1915 roedd gan y gwylwyr berisgop i wylio symudiadau'r gelyn.

Roedd gan fyddin Prydain sneipwyr hefyd. Un ohonyn nhw oedd **Edmund Davies** o Ddyffryn Ardudwy. I fod yn sneipiwr llwyddiannus byddai'n rhaid medru anelu gwn yn gywir a bod ag amynedd. Mae Edmund Davies yn disgrifio bod mewn twll tywyll yn 'nhir neb' am 2.30 y bore yn wynebu'r 'German Line'. Roedd yn saethu drwy blât tair troedfedd wrth ddwy, gyda sleid yn cuddio'r twll bychan ar gyfer y telesgop neu'r reiffl. Byddai'n rhaid i'r sneipiwr fod yn y twll tywyll am dair awr cyn cael tair awr yn rhydd. Roedd lle i ddau yn y twll, un yno fel gwyliwr a'r llall fel saethwr.

Un diwrnod yn Chwefror 1917 glaniodd *rifle grenade* mewn twll lle roedd Edmund Davies a'i gyfaill **Francis Thomas**, Llannerch-y-medd, sir Fôn, yn gorwedd. Cafodd Francis ei anafu'n ddrwg, ac Edmund Davies hefyd – yn ei fraich, ei goesau, ei ddwylo a'i ysgwydd. Cafodd y ddau fynd i ysbyty maes ger Poperinge ac roedden nhw yn y gwelyau nesaf at ei gilydd. Bu farw Francis Thomas o'i anafiadau ar 7 Chwefror 1917 ond bu Edmund Davies yn ddigon ffodus i ddod adre'n fyw.

*

Byddai criwiau o filwyr yn mynd i dir neb yn ystod y nos er mwyn casglu gwybodaeth neu dorri weiren bigog y gelyn. Gwaith hynod beryglus oedd hwn gan ei fod yn lle agored a byddai llawer o filwyr yn cael eu lladd yno. Disgrifiodd **Ioan Morris**, Rhosllannerchrugog, y profiad o ddringo dros y parapet un noson dywyll yn y gaeaf i dorri'r weiren bigog. Roedd y weiren 20 llath o flaen ffos yr Almaenwyr:

> Fe aethom mor dawel ag y gallem fod, heb yngan yr un gair. Roedd yn rhaid i ni fynd ar ein dwylo a'n pen-gliniau a chropian nes dod yn agos at y weiren. Roedd dwy neu dair modfedd o eira ar y ddaear... Ychydig cyn i ni gyrraedd y weiren bigog, cododd *starlight* fry uwchben ac arhosom

yn llonydd ar ein hwynebau, mor fflat â darnau ceiniog. Prin y meiddiem anadlu hyd nes i'r golau ddiffodd. Yna ymlaen am ychydig lathenni gan gropian yn agosach ac agosach at ben ein taith.

Dywedodd iddyn nhw glywed yr Almaenwyr yn siarad ac yn taro'u traed ar lawr pren y ffosydd er mwyn cadw'n gynnes. Roedd llawer ohonyn nhw yn amlwg yn dioddef o annwyd trwm gan eu bod yn pesychu'n ddrwg. Y bwriad oedd bomio'r Almaenwyr o'u tyllau, ond ar ôl aros am tua dwy awr am gyfle i wneud hynny, cafodd Ioan Morris a'r milwyr eraill orchymyn i gilio. Cyrhaeddon nhw yn ôl i'r ffosydd yn ddiogel, ond yn wlyb at y croen.

Nid oedd 'tir neb' yn llydan iawn. Gallai'r bwlch rhwng ffosydd y ddwy ochr fod cyn lleied â 40 llath, a byddai'r milwyr yn medru gweiddi ar ei gilydd. Ambell waith bydden nhw'n difyrru ei gilydd drwy roi negeseuon ar fyrddau neu drwy ganu. Roedd canu un tenor o Gymro yn boblogaidd iawn ymhlith yr Almaenwyr, yn ôl adroddiad yn *Y Faner* yn Chwefror 1915. Gwaeddodd un Almaenwr o'i ffos: 'Ydy Caruso yna gyda chi?' Yna byddai'r Cymro yn eu difyrru â'r caneuon traddodiadol 'Hob y Deri Dando' a 'Mentra, Gwen'.

*

Byddai rhai milwyr yn trio'u gorau glas i gael niwed i'w coesau neu eu breichiau. Roedden nhw'n ceisio cael anaf na fyddai'n eu lladd nac yn para am byth, ond anaf a fyddai'n ddigon drwg i'w symud o'r rheng flaen a'u hanfon adref i Brydain. I lawer, roedd cael 'blighty wound', sef anaf o'r math yma, yn fwy gwerthfawr nag ennill medal. 'Blighty' oedd slang y milwyr am Brydain.

Dros y top

Byddai'r milwyr ar y ffrynt yn treulio'r rhan fwyaf o'u hamser yn gwylio'r gelyn o'u ffosydd. O dro i dro byddai galw arnyn nhw i fynd allan o'r ffos 'dros y top' ac ymosod ar y gelyn. Disgrifiodd **Stanley Jones** o Aberystwyth y profiad o ddringo allan o'r ffosydd a chroesi 'tir neb'. Roedd e'n filwr yn y King's Royal Rifles ym mrwydr Neuve Chapelle ym mis Mawrth 1915: 'Dros y top aeth y bechgyn. O Dduw, dyna olygfa...' Disgrifiodd y rhes gyntaf o ddynion yn syrthio gyda'i gilydd, bron. Tro yr ail reng o ddynion oedd ymosod wedyn. Digwyddodd yr un peth iddyn nhw hefyd, ac fe gawson nhw eu dinistrio'n llwyr.

Yna mae Stanley Jones yn cyfeirio at ddewrder y dynion: 'Heb ddangos dim ofn, rhuthrodd y drydedd reng heibio'u cyfeillion marw a chyrraedd ffos yr Almaenwyr, ond doedd y weiren bigog heb ei thorri. Tynnodd y bechgyn eu bidogau o'u reifflau a cheisio hacio eu ffordd drwodd, ond profodd hyn yn amhosibl – roedd y weiren yn 6 throedfedd o uchder ac yn 20 troedfedd o ddyfnder.' Bu'n rhaid symud yn ôl. Yn wahanol i lawer o'i ffrindiau, daeth Stanley Jones o'r frwydr yn fyw ac roedd e a gweddill y King's Royal Rifles yn ysu am gael cyfle i ddial ar yr Almaenwyr er cof am eu ffrindiau.

*

Mis Medi 1915 oedd y tro cyntaf i lawer o aelodau 'byddin newydd' Kitchener fod mewn brwydr. Brwydr Loos oedd honno a cholli'r frwydr yn llwyr fu eu hanes. O'r 7,766 o filwyr Prydain a gollodd eu bywydau yn y frwydr, roedd dros fil ohonyn nhw'n aelodau o'r catrodau Cymreig. Roedd yr Is-sarjant **Jac Melancthon Williams** o Dre-garth, ger Bethesda, yn un o'r Cymry yno. Daeth Jac o'r frwydr yn dal darnau o'i law chwith yn ei law dde. Roedd hi wedi'i chwalu gan shrapnel ac roedd anaf i'w fraich hefyd. Gwrthododd Jac Melancthon dderbyn triniaeth gan weiddi'n uchel: 'Stick it, the Welsh! Stick it, boys bach!' Roedd Cymry'r Gatrawd Gymreig (The Welsh Regiment) yn hoff iawn o weiddi eu slogan, 'Stick it, the Welsh!' yng nghanol brwydr. Roedd yn well gan Jac Melancthon roi help i'r milwyr niferus eraill a gafodd eu hanafu, cyn cerdded i dderbyn triniaeth ei hun. Pan gafodd driniaeth o'r diwedd roedd cymaint o niwed i'w law a'i fraich fel y bu'n rhaid torri'r fraich i ffwrdd. Derbyniodd Jac Melancthon DCM (Distinguished Conduct Medal)

31

am fod mor ddewr, medal a gâi ei hystyried yn ail i Groes Fictoria i filwyr cyffredin.

Cymro arall fu ym mrwydr Loos oedd y Lefftenant **W. H. K. (Billy) Owen**, myfyriwr disglair ym Mhrifysgol Caergrawnt, yn wreiddiol o Aberystwyth. Cafodd Billy Owen ei daro yn ei gefn yn nhir neb, a chafodd ei anaf ei rwymo gan swyddog yno. Allai ei gyd-filwr ddim ei gario 'nôl i'r ffosydd gan nad oedden nhw wedi cael gorchymyn i symud yn ôl. Felly, bu'n rhaid i Billy Owen lusgo'i hun yn ôl i'r ffos. Yn ddiweddarach cafodd ei gludo i ysbyty yn Rouen, ond bu farw yno. Ei eiriau olaf oedd arwyddair ei gatrawd: 'Gwell angau na chywilydd'.

Roedd llawer o swyddogion ifanc, dewr, fel Billy Owen, yn arwain y milwyr dros y top. Roedden nhw'n aml yn darged hawdd i sneipwyr a saethwyr, a chafodd mwy ohonyn nhw eu lladd, ar gyfartaledd, na'r milwyr cyffredin. Fyddai gan y milwyr traed ddim llawer o feddwl o'r cadfridogion, ond yn edmygu'r lefftenant a'r capten oedd ar y ffrynt gyda hwy.

Byddai rhai ohonyn nhw, fel Lefftenant **Oswald Green** o Aberystwyth, yn dod o'r un ardal â'r milwyr cyffredin. Pan gafodd ei ladd ar y Somme yng Ngorffennaf 1916, ysgrifennodd sawl un o'i gatrawd lythyron adref yn canmol y swyddog. Yn ôl Roderick Davies, roedd Oswald

Green yn 'good sport all round' ac yn ôl D. A. Hughes, 'roedd pawb yn ei addoli'.

Er hynny, doedd pob swyddog ddim yn boblogaidd. Treuliai rhai eu hamser yn yr *officer's mess* yn hytrach nag allan yn y ffosydd gyda'r milwyr cyffredin. Mewn llythyr at ei deulu yng ngogledd Ceredigion, meddai'r Preifat **William Oliver Jones**: 'Y mae gennym ddosbarth o swyddogion i'n harwain. Mewn gwirionedd maent fel pe yn eu babandod.' Dywedodd fod y swyddogion hyn yn gwneud pob dim i osgoi mynd i frwydr. Roedd ei swyddog ef mewn brwydr 'fel pe wedi gwneyd yn ei drowsus... ac fel moch o feddw'. Ond ar ôl i ddylanwad y ddiod ddiflannu, nhw oedd 'y cachgwn mwyaf'. Pan oedd eu hangen fwyaf doedden nhw ddim ar gael, gan eu bod 'yn ymguddio yn nhyllau y tân belennau'. Eto i gyd, bydden nhw'n ddigon parod i roi gorchmynion i eraill beryglu eu bywydau.

*

Byddai'r rhai a gâi eu lladd yn ystod brwydr yn cael eu claddu yn y fan a'r lle. Er hynny, byddai'r offeiriaid a'r gweinidogion yn y fyddin yn ceisio trefnu angladdau pan fyddai hynny'n bosib. Dydyn ni ddim yn gwybod lleoliad llawer o'r beddau hyn hyd heddiw gan nad oedd modd cadw cofnod ohonyn nhw.

Yn ei ddyddiadur, mae'r Parchedig **D. Cynddelw Williams** yn sôn am gladdu'r Lefftenant **William Hughes** gyda'r hwyr ar 24 Mawrth 1916 yn nhir neb ger St Eloi, Fflandrys. Aeth tua'r ffosydd a'r *shells* yn disgyn o'i gwmpas gan luchio baw drosto. Cafodd y Lefftenant William Hughes ei ladd ar y 3ydd o Fawrth, ond ar y 15fed y daethon nhw o hyd i'w gorff a'i gladdu, heb wasanaeth crefyddol. Dywedodd Cynddelw Williams fod ei gyd-swyddogion yn hoff iawn ohono a bod Capten Scale, Lefftenant Nevitt a Dr Grellier wedi mynd gydag e i'r *Crater*, i gynnal gwasanaeth crefyddol uwchben ei fedd.

Disgrifiodd y gweinidog y drafferth gawson nhw i gyrraedd y bedd: 'Tueddai fy nhraed i ddod allan o hyd o'r Thigh Boots wrth geisio eu codi o'r llaid.' Pan fyddai'r *star shells* yn cael eu tanio i'r awyr, byddai'n rhaid iddyn nhw sefyll yn llonydd rhag cael eu darganfod gan y gelyn gan fod y rheini'n goleuo'r awyr yn y tywyllwch.

Cafodd llawer iawn eu clwyfo yn y brwydrau mawr a châi'r rhai oedd wedi'u hanafu, ond yn dal yn fyw, eu cario o dir neb gan y *stretcher-bearers*. Byddai'r milwyr traed yn y ffosydd yn gwawdio'r *stretcher-bearers*, gan ddweud nad oedden nhw'n cymryd rhan yn yr ymosod. Ond y gwirionedd oedd fod eu gwaith yn beryglus iawn a'u bod yn hynod o ddewr. Disgrifiodd y Capten **Morgan Watcyn-Williams** eu gwasanaeth yn ardal pentref Bullecourt yn ystod brwydr Arras yn Ebrill 1917:

'Roedd angen i'r cludwyr gropian drwy'r weiren bigog gan rwygo eu dillad ac, o ran hynny, eu stretsieri hefyd. Roedd y milwr wedi colli ei droed, a bu i'r bechgyn garw, caredig hyn ei gludo i'r ysbyty ac i fywyd... Nid wyf yn gwybod pwy dylwn eu hedmygu fwyaf, y clwyfedigion neu'r dynion a'u hachubodd nhw.'

Erbyn y Rhyfel Byd Cyntaf roedd y ddwy ochr wedi datblygu arfau newydd, rhai llawer mwy pwerus a niweidiol nag erioed o'r blaen. Felly, roedd natur yr anafiadau yn newid hefyd, ac yn gallu bod yn ddifrifol iawn gan fod ffrwydron y gynnau mawr yn arbennig o ddinistriol. Ar y llaw arall, roedd triniaeth feddygol yn datblygu hefyd, ac roedd gan y rhai oedd wedi'u clwyfo well siawns o fyw na chynt. Fe wnaeth tua 92 y cant o'r rhai gafodd eu clwyfo a chael triniaeth ym Mhrydain fyw. Er hynny, cyntefig oedd y cyfleusterau ar faes y frwydr ac roedd gobaith y claf o wella yn dibynnu'n aml ar dderbyn triniaeth yn gyflym. Cafodd 'cadwyn encilio' ei chreu, i gario'r milwyr gawsai ei anafu o faes y frwydr i ysbyty'r maes.

Y Corfflu Meddygol Brenhinol (Royal Army

Medical Corps) oedd yn gyfrifol am gynnal gwasanaethau meddygol y fyddin. Ar ddechrau'r rhyfel roedd gan yr RAMC 9,000 o aelodau ond erbyn 1918 roedd y nifer wedi codi i 113,000.

*

Byddai rhai milwyr yn rhedeg i ffwrdd o'r frwydr a rhai'n ceisio dianc o'r fyddin yn gyfan gwbl. Y gosb am hynny fyddai cael eu saethu, ac fe gafodd dros 300 o filwyr Prydain y gosb eithaf gan sgwadiau saethu ar doriad gwawr yn ystod y rhyfel. Cafodd y Preifat **John Thomas** o Landyfái, sir Benfro, ei saethu ar doriad gwawr ym mis Mai 1916 am geisio dianc o'i gatrawd. Roedd John Thomas yn hen filwr 44 mlwydd oed, ac roedd ganddo wraig a thri o blant gartref yng Nghymru. Ni chafodd ei weddw geiniog o bensiwn, yn wahanol i weddwon milwyr a gâi eu lladd wrth ymladd.

Mae'n debyg bod John Thomas, a llawer o'r milwyr eraill a gafodd y gosb eithaf, yn dioddef o *shell shock* neu ryw fath o salwch seicolegol. Ond doedd gan y fyddin ddim cydymdeimlad. Credai'r cadfridogion fod yn rhaid gwneud esiampl ohonyn nhw rhag ofn y byddai eraill yn ystyried dianc. I'r fyddin, roedd hi'n bwysig cadw disgyblaeth ond, i lawer, roedd y gosb yn farbaraidd.

*

Yn ogystal â brwydro mewn tir agored byddai rhai milwyr yn creu twneli tanddaearol er mwyn gosod ffrwydron o dan ffosydd y gelyn a'u ffrwydro. Roedd y twneli hyn yn rhai dwfn a chymhleth. Ond roedden nhw hefyd yn llawn perygl i'r twnelwyr. Roedd llawer o dwnelwyr y Peirianwyr Brenhinol (*y sappers*) yn Gymry. Yn ogystal â glowyr y de a'r gogledd-ddwyrain, roedd chwarelwyr o Flaenau Ffestiniog yno, gan eu bod nhw wedi arfer gweithio dan ddaear hefyd.

Roedd hi'n gallu cymryd tua blwyddyn i gloddio twnnel a gosod ffrwydron. Gwaith diflas iawn oedd hwn, gan fod y twnnel yn gyfyng, yn dywyll ac yn wlyb. Yn ogystal â chloddio'u twneli eu hunain, roedd angen i'r twnelwyr wrando am dwnelwyr y gelyn. Ambell waith bydden nhw'n cloddio ar ddamwain i mewn i dwnnel y gelyn, a byddai hynny'n arwain at frwydro ffyrnig o dan y ddaear. Pan fyddai'r twnelwyr yn dod o hyd i dwnnel y gelyn, bydden nhw'n gosod ffrwydron i'w ddinistrio. Cloddio mewn twnnel 80 troedfedd o dan y ddaear ger La Boisselle yn Ffrainc ar 19 Rhagfyr 1915 yr oedd y Preifat **William Arthur Lloyd**, glöwr o New Broughton, ger Wrecsam. Roedd yn aelod o Gwmni 179 y

Twnelwyr. Taniodd yr Almaenwyr ffrwydryn i mewn i'r twnnel a'i ladd ef a phedwar arall.

Yn 1916 cloddiodd y twnelwyr 20 o dwneli dan rengoedd yr Almaenwyr yn ardal Messines, gorllewin Fflandrys. Dros y pum mis wedyn llwyddon nhw i gloddio twnnel oedd bron yn bum milltir o hyd, a gosod 600 tunnell o ffrwydron ynddo. Am 3.10 y bore ar 7 Mehefin, cafodd y ffrwydron eu tanio. Gwelodd y Preifat **John Roderick Jones** o'r Bala y cyfan: 'Ar ôl yr ergyd diflannodd y "Ridge" ac wrth i ni fynd i fyny at ein llinell newydd daethom ar draws lliaws o "dug-outs" y Germaniaid… wedi'u hanner claddu â phridd a choed.' O ganlyniad i'r ffrwydrad, oedd i'w glywed cyn belled i ffwrdd â Llundain, cafodd tua 10,000 o Almaenwyr eu lladd.

Y rhyfel ar y môr ac yn yr awyr

YN 1914 Y ROYAL Navy oedd y llynges fwyaf yn y byd, gyda dros 400 o longau rhyfel. Roedd rhai wedi disgwyl gweld brwydrau mawr ar y môr rhwng llynges Prydain a llynges yr Almaen yn ystod y rhyfel, ond nid felly y bu. Roedd llynges yr Almaenwyr, er yn bwerus, yn llai. Dim ond un frwydr fawr a fu rhwng y ddwy lynges drwy gydol y rhyfel. Ar 31 Mai 1916 ym Môr y Gogledd, ger penrhyn Jutland, brwydrodd llynges Prydain, y Grand Fleet, dan arweiniad y Llyngesydd (Admiral) Jellicoe, yn erbyn llynges yr Almaen. Ni ddaeth brwydr Jutland â buddugoliaeth i'r naill ochr na'r llall. Collodd Prydain 14 o longau a 6,094 o ddynion, a chollodd yr Almaen 11 o longau a 2,551 o ddynion. Wnaeth llynges yr Almaen ddim mentro allan i'r môr mawr i wynebu llynges Prydain wedi hynny.

Roedd porthladdoedd yr Almaen dan flocâd ond roedd ganddyn nhw arf pwerus, sef llongau tanfor – yr *U-boats*. Byddai'r rhain yn ymosod ar longau milwrol a masnachol. Cafodd dros 2,500 o longau Prydain eu suddo yn ystod y rhyfel, a chafodd dros 2,000 ohonyn nhw eu dryllio gan yr *U-boats*. Byddai'r llongau tanfor hyn yn ymosod heb rybudd, gan suddo llongau mawr â thorpidos. Yn aml, bydden nhw'n codi i wyneb y môr ac yn ymosod ar y llongau masnach diamddiffyn. I wrthsefyll yr ymosodiadau hyn, dechreuodd rhai llongau masnach o Brydain gario gynnau oedd wedi'u cuddio. Byddai'r llongau hyn – y *Q-ships* – yn denu'r *U-boats* i'r wyneb ac yna'n saethu atyn nhw a cheisio'u suddo. Enillodd **William Williams**, morwr o Amlwch, fedal Croes Fictoria am ei ddewrder ar un o'r *Q-ships* yn 1917.

*

Un digwyddiad dychrynllyd yn ystod y rhyfel oedd suddo'r RMS *Lusitania* wrth iddi gario teithwyr o Efrog Newydd i Lerpwl gan un o *U-boats* yr Almaen. Ar y pryd, y *Lusitania* oedd llong deithwyr (*liner*) fwya'r byd ac roedd wedi ennill y 'Rhuban Glas' am ei chyflymdra. Roedd y *Lusitania* wedi hwylio o Efrog Newydd am Lerpwl ar 1 Mai 1915 ac erbyn prynhawn dydd Gwener, 7 Mai, roedd wedi cyrraedd arfordir de Iwerddon. Am 2.10 o'r gloch y prynhawn saethodd *U-20*, un o *U-boats* yr Almaen, dorpido ati a suddodd y *Lusitania* mewn 18 munud. Collodd 1,198 eu bywydau, gan gynnwys llawer o blant bach. Cafodd 761 eu hachub o'r môr.

Ymhlith y rhai gafodd eu hachub yr oedd un

o ddynion mwyaf cyfoethog Cymru, sef **D. A. Thomas**, diwydiannwr a chyn-Aelod Seneddol, ac Is-iarll (Viscount) y Rhondda yn ddiweddarach. Roedd ef a'i ysgrifennydd, **Arnold Rhys-Evans**, a'i ferch, **Margaret Haig Mackworth**, *suffragette* amlwg yn ei dydd, wedi bod ar daith fusnes yng Ngogledd America. Cyn cychwyn o Efrog Newydd, roedden nhw wedi clywed sibrydion y gallai'r *Lusitania* fod yn darged i longau tanfor. Yn wir, roedd llysgennad yr Almaen yn yr Unol Daleithiau wedi cyhoeddi hysbysiad mewn papur newydd yn rhybuddio pobl rhag hwylio ar y *Lusitania*. Ond pan adawodd y llong Efrog Newydd ar ei thaith olaf roedd hi bron yn llawn.

Pan gafodd y llong ei tharo gan y torpido roedd D. A. Thomas, ei ferch ac Arnold Rhys-Evans yn cael cinio. Dechreuodd y llong suddo ac wrth iddyn nhw chwilio am wregys achub cafodd y tri eu gwahanu. Helpodd D. A. Thomas wraig a phlentyn bach i gyrraedd un o'r cychod achub, ac fe lwyddodd e a'i ysgrifennydd i ddianc ar yr un cwch.

Cafodd ei ferch fwy o drafferth. Er nad oedd hi'n medru nofio, neidiodd i'r môr yn gwisgo gwregys achub, ac fe wnaeth hwnnw ei harbed rhag suddo. Gafaelodd mewn darn o bren ac wedyn mewn cadair. O ganlyniad i hypothermia, roedd hi'n anymwybodol pan gafodd ei chodi o'r môr gan long o'r enw *Bluebell*. Credai'r criw ei bod wedi marw ond daeth ati'i hun a chafodd ei chario i gaban capten y llong. Creodd y profiad hwn argraff mawr ar Margaret. Roedd hi'n credu bod rheswm pam y cafodd ei hachub, ac yn ddiweddarach daeth yn Gristion gweithgar.

Mae'n debyg bod y *Lusitania* yn cario ffrwydron rhyfel yn ei chargo, ond eto roedd suddo'r llong yn erbyn cyfraith ryngwladol. Fe wnaeth hyn lawer iawn o niwed i enw da'r Almaen ar draws y byd. Gan fod dros gant o Americanwyr wedi colli'u bywydau, roedd yn un ffactor pam y penderfynodd yr Unol Daleithiau ymuno yn y rhyfel yn erbyn yr Almaenwyr ym mis Ebrill 1917.

*

Roedd hedfan balŵns yn yr awyr wedi cael ei ddefnyddio i ysbïo ar symudiadau byddinoedd ers rhai blynyddoedd. Yn y Rhyfel Byd Cyntaf defnyddiai'r Almaenwyr falŵns anferth o'r enw Zeppelins fel arf ymosod. Roedd y Zeppelin yn gallu hedfan yn uchel iawn a byddai'r criw yn taflu bomiau at dargedau ymhell oddi tanyn nhw. Er na chafodd Cymru ei bomio, cafodd Cymraes, **Kate Jones**, yn wreiddiol o Bontarfynach, ei lladd yn un o ymosodiadau'r Zeppelin ar Lundain yn 1915.

Yn y Rhyfel Byd Cyntaf cafodd awyrennau eu defnyddio am y tro cyntaf fel arfau pwysig wrth ymosod. Yn 1914 dim ond 60 o awyrennau rhyfel oedd gan Brydain, ond yn ystod y rhyfel adeiladwyd dros 440,000 o beiriannau awyren newydd. Roedd yr awyrennau yn fregus iawn a'r peilotiaid yn hynod fentrus. O'r 22,000 o beilotiaid a fu'n gwasanaethu Prydain, collodd eu hanner eu bywydau. Câi llawer o'r peilotiaid eu hedmygu am eu dewrder. Yr enwocaf ohonyn nhw oedd yr Almaenwr Manfred von Richtofen, y Barwn Coch. Cymro 21 mlwydd oed, y Leffftenant **Tom Rees** o Ddefynnog, ger Aberhonddu, oedd y cyntaf i Von Richtofen ei ladd. Roedd Tom Rees yn un o ddau mewn awyren uwchlaw Ffrainc pan saethodd Von Richtofen atyn nhw o'i awyren Albatros coch. Llwyddodd y peilot i lanio'r awyren ond bu ef a Tom Rees farw o'u hanafiadau.

Roedd peilotiaid enwog gan Brydain hefyd. Yn eu plith roedd yr Uwch-gapten **Lionel Rees** o Gaernarfon, a enillodd fedal Croes Fictoria yn 1916. Roedd peilot ifanc o'r enw Gwilym Lewis yn edmygu Lionel Rees yn fawr ac mewn llythyr at ei rieni cyfeiriodd at yr uwch-gapten gan ddweud: 'ef oedd y dyn dewraf yn y byd... Roedd yr Hyniaid (enw sarhaus ar filwyr yr Almaen) mewn clwstwr tyn pan ddaeth ef ar eu traws – ar ôl iddo orffen roeddent wedi'u gwasgaru ar draws yr awyr, heb wybod pa ffordd i fynd... Nid wyf yn credu iddo fod yn fwy hapus nag wrth ymosod ar yr Hyniaid hyn.'

Un arall o'r peilotiaid mwyaf mentrus oedd **Ira 'Taffy' Jones** o Sanclêr, sir Gaerfyrddin. Yn ystod cyfnod o 11 diwrnod ym mis Awst 1918, llwyddodd i saethu chwe awyren. Derbyniodd nifer o fedalau am 'arddangos dewrder mawr, medrusrwydd a menter'. Llwyddodd i ddinistrio rhyw 37 o awyrennau a balŵns y gelyn mewn cyfnod byr iawn.

Doedd gan Ira Jones ddim cydymdeimlad o gwbl â'r Almaenwyr ac ar ôl y rhyfel dywedodd y byddai'n arfer ymosod ar Almaenwyr fyddai'n hongian wrth eu parasiwt. Arweiniodd hyn at ddadleuon ymysg y swyddogion. Ym marn rhai swyddogion oedd wedi bod yn ysgolion Eton a Sandhurst, roedd hyn yn 'unsportsmanlike'. Ond ateb Ira Jones oedd: 'Gan na fynychais ysgol fonedd, nid oedd ystyriaethau o'r fath yn fy rhwystro i. Byddwn yn tynnu sylw at y ffaith ein bod mewn rhyfel gwaedlyd a'i bod yn fwriad gennyf i ddial ar ran fy ffrindiau.'

PENNOD 6
Y rhyfel yng Nghymru

DOEDD PAWB YNG NGHYMRU ddim o blaid y rhyfel. Roedd rhai Cristnogion yn gwrthwynebu lladd eu cyd-ddynion ac roedd rhai sosialwyr yn gwrthwynebu rhyfela yn erbyn cyd-weithwyr, ym mha wlad bynnag roedden nhw'n byw. Lleiafrif bach ond dewr a siaradodd yn gyhoeddus yn erbyn y rhyfel.

Un Cymro a wrthwynebodd y rhyfel oedd y pregethwr a'r bardd **T. E. Nicholas**, 'Niclas y Glais', sosialydd a Christion. 'Rhyfel anghyfiawn' oedd y rhyfel, yn ôl Niclas, a 'dynion anghyfiawn' oedd yn ei arwain. 'Nid rhyfel y bobl ydyw hwn,' meddai Niclas, 'ond rhyfel y mawrion.' Roedd y rhyfel yn groes i ddaliadau Niclas fel Cristion. Credai fod Iesu Grist wedi dysgu Cristnogion i weddïo dros eu gelynion a'u caru. 'Nid oes i mi elyn yn unlle,' meddai, gan ychwanegu pe bai ganddo elyn, yna byddai'n rhaid iddo weddïo drosto a'i garu.

Ar ddechrau'r rhyfel doedd dim rhaid i neb ymuno â'r fyddin. Er iddyn nhw gael eu galw'n 'shirkers', gallai'r gwrthwynebwyr ddweud eu barn a gwrthod ymuno. Newidiodd y sefyllfa yn 1916 gan i gymaint o filwyr gael eu lladd, ac felly roedd angen mwy o filwyr. Hefyd, roedd y brwdfrydedd i ymuno ar ddechrau'r rhyfel wedi mynd yn llai a doedd y fyddin ddim yn gallu dibynnu ar recriwtio gwirfoddol. Felly, bu'n rhaid gorfodi dynion i ymuno â'r fyddin. Am y tro cyntaf yn hanes Prydain, ar ôl pasio'r Ddeddf Gwasanaeth Milwrol, roedd yn rhaid i ddynion o oedran arbennig ymuno â'r fyddin. Ac roedd hyn yn digwydd tan ddiwedd y rhyfel.

I osgoi mynd i ryfel, roedd yn rhaid ymddangos gerbron tribiwnlys i geisio am eithriad (*exemption*). Dynion lleol pwysig fel cynghorwyr tref a sir oedd ar y tribiwnlys, ac fe allen nhw fod yn greulon iawn wrth ymdrin â heddychwyr. Mae'n debyg bod tua 16,500 o wrthwynebwyr cydwybodol (*conscientious objectors*) wedi ymddangos o'u blaen ym Mhrydain. Ac roedd tua 900 ohonyn nhw yng Nghymru. 'Conchies' fydden nhw'n cael eu galw, term digon gwawdlyd. Roedd rhai heddychwyr yn gwrthod ymladd ond yn barod i wneud pethau eraill nad oedd yn golygu lladd. Roedd heddychwyr eraill yn gwrthod gwneud unrhyw beth i gefnogi achos y rhyfel. Cafodd tua 85 o'r 'Conchies' Cymreig hyn eu carcharu.

Yn eu plith roedd **Ithel Davies**, Cemaes, sir Drefaldwyn. Yn Ebrill 1916, ac yntau'n ddyn sengl 22 mlwydd oed, wnaeth y tribiwnlys yn y Drenewydd ddim cefnogi ei gais i beidio mynd i'r rhyfel. Cafodd ei anfon i garchar yng ngwersyll y

Ffiwsilwyr Cymreig yn Wrecsam. Disgrifiodd Ithel Davies y carchar fel 'lle ofnadwy a bygythiol... yng ngofal swyddog cas a diamynedd'. Cafodd ei garcharu am fis gyda llafur caled.

Wrth iddo ddal i wrthod ymuno â'r fyddin, cafodd fygythiad y byddai'n cael ei saethu. Ond yn hytrach na'i saethu, cafodd ei garcharu yn yr Wyddgrug. Disgrifiodd ei brofiadau yno yn ei hunangofiant: 'Mynd i ryw ysgubor o le a llu o fechgyn yn gweithio yno yn gwnïo sachau naill [ai] i ddal tywod fel rhan o ddarpar ryfel neu sachau llythyron i'r post.' Gwrthododd afael yn y defnydd gwneud sachau na'r nodwydd. Ac fe wnaeth swyddog oedd wedi colli'i dymer fygwth gwthio'r nodwydd fawr i mewn i'w gorff. Oherwydd ei styfnigrwydd, cafodd ei daro gan un o'r swyddogion.

Yn ei gell cafodd ei glymu mewn *straightjacket*. Allai e ddim plygu na symud, dim ond sefyll fel polyn. Treuliodd chwe awr fel hyn, er mai am ddwy awr ddylai gael ei gosbi, yn ôl y rheolau.

Drannoeth cafodd ei daro'n greulon gan sarjant, a dorrodd asgwrn ei drwyn. Yna daeth sarjant arall ato, a dechreuodd hwnnw ei ddyrnu yn erbyn mur. 'Yr oeddwn yn crio erbyn hyn oherwydd roedd yn fy mrifo'n enbyd,' meddai Ithel Davies. Yn ystod yr ymosodiad dywedodd wrth y sarjant, yn Saesneg, " 'Mae'n debyg fod gennych chwithau fam." Wn i ddim eto pam y dywedais i hynny wrtho. Troes yntau i ffwrdd.' Yn ddiweddarach, dywedodd y sarjant wrth Ithel Davies ei fod yn edmygu ei gadernid. Bu un ar ddeg o 'Conchies' yno cyn Ithel Davies, ac fe wnaethon nhw i gyd ildio o ganlyniad i'r driniaeth erchyll.

Fe gafodd e fwy o lonydd wedi hynny, er iddo dreulio gweddill y rhyfel yn y carchar. Daeth llawer o'r swyddogion oedd yn gofalu amdano i'w edmygu am ei fod mor ddewr, ond i Ithel Davies roedd 'pob dydd yn hir a phob mis yn faith wrth ddisgwyl llythyr ac ysgrifennu llythyr'.

*

Fel arfer, fyddai dynion oedd yn cael eu cyflogi mewn gwaith oedd yn cefnogi'r rhyfel ddim yn gorfod ymddangos o flaen y tribiwnlys. Gweithwyr yn y pyllau glo, yn y dociau ac mewn ffatrïoedd arfau oedd y rhain. Roedd eraill yn derbyn eithriad os oedden nhw'n cynhyrchu bwyd. Os gallai meibion a gweision ffermydd brofi eu bod yn weithwyr hanfodol ar y fferm, byddai'r tribiwnlys yn debyg o ganiatáu iddyn nhw beidio mynd i'r rhyfel. Mewn teuluoedd mawr, a nifer o feibion yn byw ar y fferm, câi rhai eu galw i'r lluoedd, tra byddai un neu ddau yn cael aros gartre i ffermio.

Un mab oedd gan **David Cromwell Jones**,

groser a ffermwr o Dan-y-groes, ger Aberteifi. Yng ngwanwyn 1916 methodd y mab, Evan James Jones, gael ei eithrio gan y tribiwnlys lleol. Felly, byddai'n rhaid iddo ymuno â'r fyddin ym Mai 1916. Cafodd hyn effaith fawr ar y tad, oedd yn ddyn iach a hapus cyn hynny. Dechreuodd boeni am ei fab ac aeth i ddioddef o iselder ysbryd. Doedd y meddyg lleol ddim yn gallu gwneud dim i godi calon y tad. Ond allai hwnnw ddim wynebu'r dyfodol â'i fab yn y fyddin, ac oherwydd hynny fe grogodd ei hun. O ganlyniad i hyn cafodd Evan James Jones ei eithrio gan mai ef bellach fyddai'n ffermio yn lle ei dad.

*

Cyn y rhyfel roedd Prydain yn mewnforio tua 60 y cant o'r bwydydd roedd eu hangen i gynnal ei phobl. Dim ond 20 y cant o'r gwenith oedd ei angen fyddai ffermwyr Prydain yn ei gynhyrchu. Yn ystod y rhyfel, byddai llongau tanfor yr Almaen yn suddo llongau Prydain, felly câi llai o fwyd ei fewnforio. Byddai gofyn i'r ffermwyr gynhyrchu mwy o fwydydd gartref, a bu'n rhaid i ffermwyr aredig mwy o dir er mwyn cynhyrchu cnydau a llysiau ychwanegol. Daeth menywod hefyd i weithio ar y ffermydd. Ym Mehefin 1916 roedd dros 300 o fenywod wedi'u recriwtio yn sir Gaerfyrddin, a gardd fawr wedi'i hagor yn Nhalacharn â 67 o fenywod yn ei thrin. Erbyn Mawrth 1917 roedd mudiad Merched y Tir wedi'i sefydlu'n swyddogol, er mai ychydig o effaith ar y sefyllfa gafodd y corff newydd hwn mewn gwirionedd.

*

Y gwleidydd o Lanystumdwy, **David Lloyd George**, oedd Canghellor y Trysorlys ar ddechrau'r rhyfel ac roedd yn ffigwr dylanwadol iawn o fewn y llywodraeth. Yn Rhagfyr 1916 daeth Lloyd George yn brif weinidog. Ef oedd y Cymro cyntaf i wneud y swydd honno ac roedd pobl Cymru yn gyffredinol yn falch iawn o lwyddiant eu cyd-Gymro. Cafodd Lloyd George ddylanwad mawr ar y Cymry drwy gydol y rhyfel, gan bwyso ar hen gyfeillion i'w helpu yn yr ymgyrch i recriwtio mwy o filwyr. Er mwyn cynnal ysbryd y bobl mewn cyfnod anodd iawn, byddai'n addo dyddiau gwell petaen nhw'n ennill y rhyfel.

*

Erbyn 1917 roedd y llywodraeth yn gosod prisiau penodol ar rai bwydydd er mwyn rheoli'r farchnad. Erbyn diwedd y flwyddyn honno roedd dogni bwyd mewn grym am y tro cyntaf. Galwodd y Prif Weinidog, Lloyd George, ar y ffermwyr i ystyried eu hunain fel pobl oedd yn brwydro ar y ffrynt gartref: 'Mae pob sachaid o fwyd a gynhyrchwch yn gyfwerth â ffrwydron rhyfel, yn gyfwerth â gwn... Galwn arnoch i ymuno yn y frwydr gyda'ch bwyd.'

Er yr holl ymdrechion, ychydig iawn o fwydydd ychwanegol gafodd eu cynhyrchu. Eto i gyd, ni fu newyn ym Mhrydain, yn wahanol iawn i brofiad llawer o bobl gyffredin yn yr Almaen, Awstria-Hwngari a Rwsia yn ystod dyddiau olaf y rhyfel.

*

Trwy gydol y rhyfel roedd glowyr de a gogledd-ddwyrain Cymru yn brysur iawn gan fod angen llawer o lo i yrru llongau stêm y llynges a'r llongau masnach. Daeth y pyllau glo dan reolaeth y llywodraeth yn ystod y rhyfel, ond bu sawl ffrae gan nad oedd y glowyr yn barod i ildio'u hawliau. O ganlyniad, cafodd y glowyr enw drwg ymhlith llawer o filwyr oherwydd eu hawydd i fynd ar streic. Yn ddiweddarach yn y rhyfel bu'n rhaid i rai glowyr ymuno â'r fyddin gan fod prinder dynion i ymladd.

*

Yn ogystal â chynhyrchu bwyd a glo, roedd angen cynhyrchu arfau hefyd ar gyfer y fyddin. Roedd gwneud arfau, yn arbennig ffrwydron, yn waith peryglus iawn. Merched oedd y rhan fwyaf o'r gweithwyr yn y ffatrïoedd arfau. Cafodd dwy ferch ifanc o Abertawe, **Mildred Owen** a **Dorothy Watson**, eu lladd mewn tanchwa yn ffatri arfau Pen-bre, sir Gaerfyrddin, yn haf 1917. Dydyn ni ddim yn gwybod llawer am yr hanes gan fod holl weithgareddau'r ffatri'n gyfrinachol. Ond rydyn ni'n gwybod bod tua 5,000 o weithwyr yn cael eu cyflogi yno a bod tua 3,800 ohonyn nhw'n ferched.

Roedd nifer o ffatrïoedd arfau eraill yng Nghymru, yn eu plith ffatri arfau'r Fferi Isaf, sir y Fflint. Yno roedd 7,000 o bobl yn cynhyrchu cotwm tanio a TNT. Roedd ffatri bowdr ym Mhenrhyndeudraeth a ffatri cynhyrchu casys sieliau (*shell cases*) yng Nghasnewydd. Erbyn diwedd y rhyfel roedd gan y Weinyddiaeth Arfau 20,000 o ffatrïoedd ym Mhrydain, a'r rheini'n cyflogi 329,000 o weithwyr.

*

Yn eu cartrefi yng Nghymru byddai teuluoedd yn pryderu'n fawr am eu meibion, eu brodyr a'u gwŷr yn y lluoedd arfog. Roedd arnyn nhw ofn y byddai'r postmon yn dod â neges yn dweud bod perthynas wedi'i ladd neu'i glwyfo. Ceisiai'r teuluoedd godi calonnau'r milwyr drwy anfon llythyron a pharseli iddyn nhw. Adeg Nadolig 1914 cafodd y milwyr 450,000 o barseli a 2.5 miliwn o lythyron. Yn y parseli roedd sanau, sgarffiau, menig a dillad cynnes, yn ogystal â thybaco, sigaréts a bwydydd. Mae llythyr **Rachel Davies**, Llandysul, at ei mab David 'Dafi' Davies yn llawn pryder mam:

Annwyl fab yr wyf yn meddwl llawer amdanoch ddydd a nos. Mae ofan arnaf nad ydych yn cael bwyd fel y dylech na dillad i newid... Gobeithio na chewch chi ddim mynd i'r trenchis neu wn i ddim beth i wneyd, ond does gyda fi ddim i weyd nawr ond gweddïo drosoch annwyl blentyn a gobeithio y daw popeth yn iawn eto.

1916: Brwydr y Somme

ENW AR AFON YNG ngogledd Ffrainc yw Somme. Mae'n debyg bod yr enw yn dod o hen air Celtaidd am 'lonyddwch' neu 'heddwch'. Ond ar ôl 1916 rydyn ni'n cysylltu'r enw Somme â brwydr fwyaf gwaedlyd y Rhyfel Byd Cyntaf. Roedd byddin Ffrainc dan bwysau ofnadwy ger tref Verdun, rai milltiroedd i'r de o afon Somme. Aeth milwyr Prydain, dan arweiniad y Cadfridog Syr Douglas Haig, ati i geisio tynnu'r pwysau oddi ar y Ffrancwyr. Parhaodd y frwydr o 1 Gorffennaf tan ganol Tachwedd 1916.

Cynllun Haig oedd defnyddio gynnau mawr yn erbyn yr Almaenwyr a dinistrio'u hamddiffyn yn gyntaf, ac yna ymosod ar draed. Yn dilyn rhai dyddiau o danio'r gynnau mawr dechreuodd byddin Prydain ymosod ar ffrynt oedd tua 15 milltir o hyd. Credai Haig a'i gyd-swyddogion fod y gynnau mawr wedi dinistrio amddiffynfeydd yr Almaenwyr ac y byddai'n hawdd i'r milwyr traed gipio'r ffosydd.

Camgymeriad mawr oedd hyn. Roedd yr Almaenwyr wedi paratoi'n ofalus drwy adeiladu amddiffynfeydd cryf a *dug-outs* o dan ddaear i gysgodi eu milwyr. Wynebodd y milwyr traed ffrwydron a bwledi o ynnau peiriant yr Almaenwyr. Ychydig a lwyddodd i gyrraedd llinellau'r Almaenwyr. Cwympodd rhes ar ôl rhes o filwyr, wedi'u lladd neu eu clwyfo. O fewn un diwrnod collodd 19,240 o ddynion eu bywydau, gyda bron i 40,000 arall wedi'u clwyfo. Dyma'r lladdfa fwyaf mewn un diwrnod yn hanes byddin Prydain.

Aeth aelodau o Gatrawd Mynwy dros y top yn ardal Beaumont-Hamel, Picardie, ar 1 Gorffennaf. Dim ond tua 40 llath o'r ffos lwyddodd y Preifat **Thomas George Saunders** i fynd cyn iddo gael ei daro yn ei gefn gan shrapnel. Yn ei ymyl cafodd cyfaill iddo o'r un bataliwn, Drummer Jones, ei anafu yn ei law a'i goes chwith a bu raid iddo gropian yn ôl tuag at y ffos. Clywodd Jones ei ffrind Saunders yn gweiddi arno o dwll tua llathen o led. Roedd ei goesau wedi'u plygu oddi tano ac allai e ddim symud. Doedd Jones ddim yn gallu mentro ceisio'i helpu i symud, gan y byddai'r ddau'n debyg o gael eu saethu petaen nhw'n codi o'r twll. Dechreuodd Saunders ddarllen o Feibl poced bach, a cheisiodd Jones ei wneud mor gyfforddus â phosib gan aros iddo farw.

Ymhen awr, aeth pobman yn dawel wrth i'r bataliwn fynd yn ôl i'r ffosydd wedi i'r ymosodiad fethu. Yn ffodus, daeth milwyr o hyd i'r ddau ffrind a'u cario yn ôl i ddiogelwch. Bu Drummer Jones fyw, ond bu farw ei ffrind, Saunders, ymhen rhai dyddiau. Cafodd ei gorff ei gladdu ym mynwent Sant Cadog, ger Pont-y-pŵl, ar 22 Gorffennaf.

*

Yn ystod ymosodiadau cyntaf brwydr y Somme roedd milwyr Prydain wedi ennill tir yn ardal Fricourt ac wedi cipio pentref Mametz. Yna, cafodd 'y fyddin Gymreig' y dasg o geisio cipio Coedwig Mametz oddi ar yr Almaenwyr. Roedd hon yn goedwig fawr, dywyll, y fwyaf ar y Somme. Er mwyn ei chyrraedd roedd yn rhaid croesi tir agored – tasg beryglus iawn.

Erbyn 6 Gorffennaf 1916 roedd sawl catrawd o Adran 38 wedi cyrraedd y ffosydd ar ymyl y tir agored. Câi'r safle ei alw yn 'Happy Valley'! Am 8.30 o'r gloch ar 7 Gorffennaf aeth y milwyr 'dros y top'. Milwyr o'r Gatrawd Gymreig (bataliwn Dinas Caerdydd) a Chyffinwyr De Cymru (South Wales Borderers) oedd yn arwain. Gan iddi fod yn bwrw'n drwm ers rhai oriau roedd y tir agored yn fwdlyd. Felly, roedd y milwyr druan yn darged rhy hawdd i ynnau peiriant yr Almaenwyr. Gyda'r gynnau mawr wedi methu eu hamddiffyn a dim sgriniau o fwg i'w cuddio, doedd dim gobaith ganddyn nhw o gyrraedd y goedwig.

Un o arweinwyr bataliwn Dinas Caerdydd

oedd y Lefftenant **Eddie Williams**. Llwyddodd
Williams a'i filwyr i gyrraedd o fewn rhyw 150
llath i'r goedwig. Ond gan fod saethu'r Almaenwyr
mor gywir a thrwm, doedd ganddyn nhw ddim
gobaith mynd yn agosach. Methodd y milwyr y
tu ôl iddyn nhw â'u cyrraedd i'w helpu. Ceisiodd
Williams anfon dau o'i ddynion gorau yn ôl
atyn nhw â neges, ond fe gawson nhw eu lladd.
Fe lwyddodd e i guddio mewn twll roedd wedi'i
wneud drwy gloddio â'i ddwylo. Roedd ei fysedd
yn gwaedu, roedd wedi blino'n llwyr ac aeth i
gysgu.

Cafodd ei ddeffro gan gawod drom o law.
Erbyn hyn roedd yn 11.30 y bore ond roedd yr
Almaenwyr yn dal i saethu, a'u sneipwyr wedi
dringo'r coed er mwyn gallu targedu'n well. Ar
ben hynny roedd sieliau (*shells*) o ynnau mawr
byddin Prydain yn glanio'n fyr o'r goedwig ac yn
syrthio o'i gwmpas. Fyddai ganddo ddim gobaith
cyrraedd yn ôl i'r ffos yn ddiogel drwy redeg.
Felly, penderfynodd aros yn y twll, a gorweddodd
gyda'i rifolfer ar ei fron rhag ofn y câi anaf difrifol
ac y byddai angen iddo saethu ei hun. O'i gwmpas
roedd milwyr eraill yn griddfan ac yn ochneidio.
Roedd y cyfan fel hunllef.

Am 10 o'r gloch y noson honno, ar ôl iddi
dywyllu, llwyddodd Eddie Williams a chwech o
filwyr eraill i gropian yn ôl i ddiogelwch. Yno

roedd milwyr wedi'u clwyfo yn gorwedd yn y ffosydd. Roedd prinder *stretchers* a doedd y trefniadau ar gyfer gofalu am y rhai oedd wedi'u clwyfo ddim yn dda. Ond gweithiodd y meddyg, Dr Pettigrew, ddydd a nos ac arbed bywydau o leiaf 80 o filwyr.

Yn ystod y frwydr cafodd 158 aelod o fataliwn Dinas Caerdydd eu lladd. Roedd 'y fyddin Gymreig' wedi methu cyrraedd o fewn 300 llath i'r goedwig, heb sôn am ei chipio. Ganol y prynhawn, 8 Gorffennaf, fe gawson nhw orchymyn i roi cynnig arall arni. Gwrthododd y Brigadydd **Horatio Evans**, a oedd o'r farn fod y cynllun gwreiddiol yn un gwallgof beth bynnag.

*

Eto i gyd, ar 10 Gorffennaf penderfynodd y cadfridogion ymosod unwaith yn rhagor ar y goedwig. Aelodau o'r Gatrawd Gymreig (bataliwn 13 ac 14) a'r Ffiwsilwyr Cymreig (bataliwn 14 ac 16) gafodd y gorchymyn. Roedd llawer ohonyn nhw'n Gymry Cymraeg, a nhw oedd yn arwain y tro hwn. Y noson cyn yr ymosodiad canodd y milwyr yr emyn-dôn 'Aberystwyth' a'r emyn 'O Fryniau Caersalem'. Hon fyddai noson olaf llawer ohonyn nhw.

Am 4.15 o'r gloch y bore y dechreuodd yr

ymladd, a bu'r gynnau mawr yn fwy effeithiol y tro hwn. Cofiai rhai o'r milwyr y coed yn crynu gan effaith y ffrwydron. Ond roedd yn rhaid croesi'r tir agored, ac unwaith eto collodd llawer o filwyr eu bywydau. Y tro hwn, llwyddodd y milwyr i gyrraedd y goedwig, ond roedd gwaith anodd o'u blaenau. Roedd tyfiant trwchus ar lawr y goedwig a changhennau wedi disgyn o ganlyniad i saethu'r gynnau mawr. Am dri diwrnod bu brwydro gwaedlyd yno, gyda'r Cymry fel 'diafoliaid wedi'u gollwng yn rhydd' yn ôl y Sarjant **Joe Bellis**, Corwen.

Gyda'r Gatrawd Gymreig yr oedd y Sarjant **Tom Price** o Lanfihangel Tal-y-llyn, ger Aberhonddu. Disgrifiodd yr ymosodiad:

Symudon ni ymlaen drwy dir eithaf agored; roedd gennym bron i 500 llath i'w groesi tuag at y coed. Roedd yn doriad gwawr... cyn gynted ag y cyrhaeddom fan lle gallai'r Almaenwyr ein gweld, dechreuon nhw saethu atom gyda'u gynnau peiriant ar unwaith. Bonion coed yn unig oedd yno, a'r holl ganghennau wedi syrthio... Wn i ddim sut y cyrhaeddom y coed, ond fe lwyddom i wneud hynny a dechrau ymladd law yn llaw â hwy. Roedd yn hectig. Roeddem wedi colli cynifer o ddynion fel na allem eu dal yn ôl ac fe wnaethon nhw ein gyrru ni yn ôl allan i'r cae. Buom yno am ychydig a daeth ein milwyr wrth gefn i roi help llaw i ni a dyna pryd y gwnaethom ail ymosodiad. Roeddwn i tua 20 llath o ymyl y goedwig pan gefais fy nghlwyfo; aeth bwled trwy fy nghoes chwith a phan oeddwn yn gorwedd yn y cae byrstiodd siel uwch fy mhen a daeth y shrapnel i lawr a'm taro yn fy nghlun. Bu bron iddo â chymryd hanner fy nghlun i ffwrdd.

I mi, dyna ddiwedd y rhyfel, ond feiddiwn i ddim â symud oherwydd bod arnaf ofn y byddai'r sneipwyr yn fy ngweld. Gwelais yr Almaenwyr a oedd wedi dod allan o'r goedwig yn trywanu ein dynion clwyfedig â'u bidogau... trywanu ein bechgyn a oedd wedi'u hanafu. Credaf i rai o'n bataliwn wrth gefn, y 10fed a'r 15fed, weld hynny, oherwydd fe wnaethon nhw basio heibio imi mewn tymer wyllt. Rwy'n meddwl mai dyna oedd trobwynt y frwydr honno. Drwy dynnu fy hun ar hyd y glaswellt, llwyddais i gropian i mewn i dwll siel a gorwedd yno. Syrthiais, ac aeth fy nghlun i mewn i'r mwd ac mae'n bosibl mai dyna wnaeth atal y gwaedu.

Yn y frwydr honno hefyd roedd Capten **Llewelyn Wyn Griffith** o Landrillo-yn-Rhos. Yn ystod y frwydr cysgodai Capten Griffith mewn ffos gyda rhai milwyr eraill, llawer ohonyn nhw o sir Fôn. Roedd hi wedi nosi ac yn dywyll. Disgrifiodd yr olygfa:

Roedd un yn fachgen ifanc, ac wedi i glec fel taran ddiasbedain yn ein clustiau dechreuodd grio am ei fam, mewn llais bachgennaidd main, 'Mam, mam...' Deffrais a gwthio fy hunan ato, gan ymbalfalu yn fy mhocedi am fy nhortsh, ac fe dynnais y bachgen ifanc i lawr i waelod y ffos. Dywedodd ei fod wedi brifo ei fraich.

Daeth corporal ato i'w helpu ac edrych ar ei fraich, a sylwi nad oedd wedi cael ei daro. Ofn oedd arno, a dechreuodd sgrechian am ei fam unwaith eto.

Erbyn 12 Gorffennaf, ar ôl brwydro'n galed, roedd y 'fyddin Gymreig' wedi llwyddo i wthio'r Almaenwyr allan o'r goedwig, ond costiodd yn ddrud iawn. Dyma welodd y Preifat **Emlyn Davies**, mab fferm o lannau afon Hafren rhwng Croesoswallt a'r Trallwng: 'cyrff wedi'u dryllio, pennau ac aelodau toredig; darnau o gnawd yn hongian ar foncyffion; Ffiwsilwr yn gorwedd ar dwmpath a gwaed yn diferu o anaf yn ei wddf'. Gwelodd hefyd filwr o dde Cymru ac Almaenwr yn cofleidio – roedden nhw wedi trywanu'i gilydd yr un eiliad yn union. Gwelodd hefyd *gunner* o fyddin yr Almaen â'i ên wedi'i saethu i ffwrdd yn gorwedd ar ei wn peiriant a'i fys yn dal ar y glicied.

*

Cafodd bron i 4,000 o ddynion eu lladd yn y frwydr am Goedwig Mametz rhwng 7 a 12 Gorffennaf. Roedd cyrff dros 900 wedi'u saethu'n ddarnau mân a doedd dim gobaith eu claddu. Disgrifiodd milwr o Iwerddon yr hyn a welodd yn Mametz ychydig wedi'r frwydr. Dywedodd fod cyrff meirw'r milwyr Cymreig ar ôl iddyn nhw ymosod ar y goedwig mor niferus fel bod nifer fawr ohonyn nhw'n gorwedd heb eu claddu. Roedd proses *rigor mortis* wedi dechrau, a'r gwres tanbaid yn cyflymu'r broses erchyll. Cafodd yr olygfa effaith arno, wrth iddo sylweddoli bod rhywun yn caru pob corff oedd yn orwedd yno. Iddo ef, fyddai neb yn gallu dweud eto fod rhyfel yn rhamantus.

*

Ond roedd gan y Cymry fwy o frwydro o'u blaen. Ym mrwydr Flers-Courcelette ym Medi 1916 cafodd tanciau eu defnyddio am y tro cyntaf gan fyddin Prydain. Fe ddaeth y tanc yn arf defnyddiol yn y brwydrau ar ôl hynny. Roedd y Preifat **Ted Roberts** o bentref bach Derwen, ger Corwen, ym mrwydr Flers-Courcelette. Cafodd ei daro gan shrapnel, a phan ddeffrodd gwelodd ychydig o Almaenwyr yn agosáu a rhai milwyr Prydeinig yn gorwedd wedi'u clwyfo ac yn ceisio codi. Dyma sut y disgrifiodd yr hyn ddigwyddodd nesaf:

Daeth yr Almaenwyr tuag atom ond roedd un milwr ychydig yn uwch na mi a llwyddodd i saethu a llorio dau Almaenwr, cyn iddo yntau gael ei daro. Daeth dau neu dri o Almaenwyr eraill tuag ataf ond llwyddais i roi bwled drwy un cyn iddo fy nghyrraedd a phan ddaeth y llall, ceisiodd fy nharo â'i reiffl ond methodd... Yn sydyn iawn rhoddais ergyd iddo â bôn fy reiffl a'i lorio, yna rhoddais bum rownd ynddo i wneud yn siŵr.

Er bod ei goes yn llosgi o anaf y shrapnel llwyddodd Ted Roberts i gyrraedd diogelwch.

*

Daeth brwydro'r Somme i ben ym mis Tachwedd 1916 wrth i'r tywydd waethygu. Yn ystod ail wythnos y mis gwnaeth milwyr Prydain un ymdrech olaf i dorri drwy amddiffyn yr Almaenwyr ar lan afon Ancre. Yno, bu'r Ffiwsilwyr Cymreig yn brwydro yn ardal pentref Serre. Er i'r ymdrech fod yn llwyddiant ar ddechrau'r frwydr, roedd amddiffyn yr Almaenwyr yn rhy gryf a'r tywydd yn wael. Doedd dim gobaith ennill y frwydr yn y diwedd.

Yn ystod brwydr y Somme, ychydig o dir gafodd ei ennill ac roedd y gost yn enfawr i fyddin Prydain. Cafodd 419,654 o ddynion eu hanafu, a thua 131,000 ohonyn nhw eu lladd. Roedd colledion yr Almaenwyr yn fwy – rhwng 450,000 a 600,000 o ddynion – a chollodd y Ffrancwyr dros 200,000. Roedd hi'n amlwg y byddai'r rhyfel yn para am flwyddyn arall o leiaf.

I bedwar ban byd

YNG NGOGLEDD EWROP Y dechreuodd y rhyfel ac ar gyfandir Ewrop y bu'r brwydrau mwyaf. Ond lledodd yr ymladd i rannau arall o'r byd hefyd. Yn y Dwyrain Canol prif elyn y Prydeinwyr oedd y Twrciaid. Roedd yr ymerodraeth Otoman yn rheoli ardal fawr oedd yn cynnwys gwlad Twrci heddiw a rhan helaeth o'r Dwyrain Canol hefyd. Roedd Twrci wedi gwneud cytundeb â'r Almaen ac roedd ei byddin yn derbyn cyngor milwrol gan y wlad honno.

Ar 25 Ebrill 1915 glaniodd milwyr o Brydain a Ffrainc, yn ogystal â milwyr o Seland Newydd ac Awstralia – yr Anzacs, ar ddarn o dir o'r enw Gallipoli. Penrhyn yw Gallipoli; mae'n ymestyn i'r Môr Aegeaidd ac yn rhan o wlad Twrci heddiw. Roedd ennill penrhyn Gallipoli yn bwysig er mwyn ceisio ennill rheolaeth ar gulfor y Dardanelles. Roedd y culfor yn cysylltu'r Môr Aegeaidd a Môr y Canoldir gyda'r Môr Du. Byddai agor llwybr i'r Môr Du yn creu cysylltiad â Rwsia. Ond roedd y Twrciaid wedi paratoi'n ofalus i wrthsefyll y fath ymosodiad, a methodd y cynllun yn llwyr. Roedd yn 'uffern ar y ddaear', yn ôl y Sarjant **Zacheus Roberts** o Flaenau Ffestiniog.

Llwyddodd milwyr Prydain, Ffrainc a'r Anzacs i feddiannu'r traethau, ond methu wnaeth eu hymdrech i gipio'r clogwyni a'r mynyddoedd i'r dwyrain. Yno roedd y Twrciaid wedi gosod amddiffynfeydd cryf.

Ddechrau Awst 1915 bu'r Ffiwsilwyr Cymreig yn cynorthwyo'r Anzacs mewn brwydr ffyrnig ym mynyddoedd Sari Bair, gan ddioddef colledion mawr. Ar 8 Awst glaniodd mwy o filwyr o Brydain, yn eu plith aelodau o'r Gatrawd Gymreig, ym Mae Suvla, i'r gogledd o'r brwydro. Ond gwnaeth arweinwyr y fyddin ormod o gamgymeriadau. Milwyr dibrofiad oedd ganddyn nhw yn erbyn amddiffyn cadarn y Twrciaid. Methiant felly oedd eu hymdrech i ennill tir i'r dwyrain o'r traethau. Bu colledion mawr iawn yn y brwydro ger y Llyn Halen ac ar Scimitar Hill. Yn ystod y cyfnod byr hwn collodd dros gant o Gymry eu bywydau. Mewn llythyr dywedodd un milwr iddyn nhw ddioddef lladdfa ofnadwy wrth i'r bwledi chwipio o'u cwmpas.

Erbyn yr hydref roedd y milwyr yn y ffosydd yn dioddef yn arw o ddysentri ac afiechydon eraill. Pan ddaeth tywydd garw'r gaeaf, dioddefodd llawer ohonyn nhw oherwydd yr oerfel ac o ddolur traed y ffosydd (*trench foot*). A doedden nhw ddim nes at gipio Penrhyn Gallipoli.

Mewn ysbyty maes ar draeth Suvla yn Gallipoli

roedd Dr **Tom Carey Evans** o Flaenau Ffestiniog. Mewn llythyr at ei dad, dywedodd fod y rhai gafodd eu clwyfo wedi'u cario i ysbytai ar y traeth ac yna wedi eu hanfon oddi yno mewn cychod. Doedd dim llecyn diogel yn unman, a chafodd rhai eu hanafu am yr ail dro a rhai cludwyr eu lladd.

Daeth yn amlwg na fyddai'n bosib curo'r Twrciaid a bod yr holl ymdrech yn ofer. Bu'n rhaid tynnu'r fyddin yn ôl o Gallipoli. Doedd hynny ddim yn waith hawdd, ond am unwaith cynlluniodd y swyddogion yn ofalus a chyfrwys. Doedd y Twrciaid ddim yn gwybod bod y Prydeinwyr am ildio. Felly, cafodd y milwyr eu symud yn ddiogel o Gallipoli yn ystod Rhagfyr 1915 a dechrau Ionawr 1916, gan adael byddin Twrci yn fuddugol.

*

Bu brwydro yn erbyn byddin Twrci ym Mesopotamia (Syria ac Irac heddiw) a Phalesteina hefyd. Ond prif elynion y milwyr yn y Dwyrain Canol oedd y gwres llethol, prinder dŵr a'r gwyntoedd cryf, heb anghofio'r mosgito a'r pryfyn tywod. Roedd y milwyr yr un mor debygol o farw o salwch heintus ag roedden nhw wrth ymladd yn y rhyfel.

Roedd gan Brydain ffynhonnau olew ym Mhersia (Iran heddiw) ac roedden nhw'n poeni y bydden nhw'n eu colli i'r Twrciaid. Felly, ym Mai 1915 anfonodd Prydain fyddin drwy Mesopotamia ar hyd afon Tigris i gyfeiriad dinas Baghdad. Bu'r cynllun yn llwyddiant nes cyrraedd y tu allan i Baghdad. Yno roedd amddiffyn byddin Twrci'n rhy gadarn a bu'n rhaid symud yn ôl i dref Kut-al-Amara. Cafodd llawer eu lladd ac arhosodd y gweddill yn Kut-al-Amara o fis Rhagfyr 1915 tan Ebrill 1916. Roedd byddin Twrci wedi amgylchynu'r dref a methu wnaeth sawl ymgais i achub y fyddin. Ar 29 Ebrill 1916, gyda'r milwyr yn llwgu ac yn dioddef o salwch, penderfynodd y Cadfridog Townshend, y swyddog oedd â gofal am y dynion, fod y sefyllfa'n anobeithiol. Felly, ildiodd i fyddin Twrci. Bu farw tua 4,000 o'r milwyr wedi hynny ar y daith i'r gwersylloedd carchar ac yna yn y carchar.

Un a lwyddodd i gyrraedd gwersyll Yozgad oedd Lefftenant **Elias Henry Jones**. Yno, llwyddodd ef a swyddog arall i berswadio'r rhai oedd yn gofalu amdanyn nhw eu bod yn medru cyfathrebu â byd yr ysbrydion. Gan fod y Twrciaid yn credu eu bod yn wallgof, cafodd y ddau eu rhyddhau. Erbyn gwanwyn 1917 roedd byddin Prydain wedi llwyddo i ennill tref Kut-al-Amara a chipio Baghdad.

*

Cyn y rhyfel roedd gan Brydain filwyr yn yr Aifft, ond ar ôl 1914 daeth rhagor yno er mwyn amddiffyn camlas Suez ac i baratoi ar gyfer ymladd yn erbyn y Twrciaid. Roedd camlas Suez yn bwysig oherwydd dyna'r ffordd y byddai llongau Prydain yn teithio i India ac i Awstralia a Seland Newydd. Yn 1915 aeth milwyr Cymreig Adran 53 i'r Aifft er mwyn amddiffyn camlas Suez. Yna, ym misoedd Mawrth ac Ebrill 1917 ceisiodd y Ffiwsilwyr Cymreig ennill tir Palesteina oddi wrth y Twrciaid. Ond methu wnaeth yr ymosodiad i geisio cipio Gaza. Roedd y colledion yn fawr ymhlith y Ffiwsilwyr Cymreig, llawer ohonyn nhw'n filwyr o ogledd Cymru.

Yn dilyn y methiant hwn cafodd y Cadfridog Syr Edmund Allenby ei symud o'r ffrynt gorllewinol yn Ewrop i'r Aifft. Cafodd orchymyn i gipio Jerwsalem cyn Nadolig 1917, a rhagor o filwyr i geisio sicrhau llwyddiant. Ym mis Hydref 1917 symudodd Allenby ran o'i fyddin i gyfeiriad Gaza tuag at Jerwsalem, ond yr un pryd ymosododd hefyd i'r dwyrain a chipio tref Beersheba. Doedd y Twrciaid ddim yn disgwyl hyn. Roedd y brwydro'n ffyrnig yn ystod mis Tachwedd, ond llwyddodd Allenby a'i filwyr i gipio Jerwsalem ar 8 Rhagfyr 1917, gyda Chymry Adran 53 ar flaen y gad.

Pan oedden nhw'n ymladd ym Mhalesteina, byddai llawer o filwyr Cymreig yn cyfeirio yn eu llythyron adref at y lleoedd roedden nhw wedi clywed amdanyn nhw yn y capel a'r ysgol Sul. Yn ôl y Preifat **Idwal Williams**, Blaenau Ffestiniog, roedden nhw'n cerdded ar hyd yr un llwybrau ag 'Abraham, Isaac a Jacob' a'r un llwybr ag y cerddodd Mair a Joseff a'r baban Iesu wrth ffoi rhag Herod.

Awgrymodd y Preifat **John Williams**, Betws Gwerful Goch, mai dim ond 'anialwch a thywod' oedd ym Mhalesteina. Argraff arall a gafodd y lle ar Sarjant **Dai Hughes**, Brynaman, aelod o'r Gatrawd Gymreig yn yr ymosodiad ar Jerwsalem. Disgrifiodd Balesteina fel gwlad llawer mwy ffrwythlon na Gallipoli a'r Aifft, lle bu'n gwasanaethu cynt. Roedd y tir yn greigiog ond roedd yno ddigon o ddŵr glân, a thyfai llawer o orenau, ffigys, grawnwin yn ogystal â ffrwythau eraill yno.

Yn Rhagfyr 1917 roedd **Dai Hughes** yn gyfrifol am gwmni o filwyr gynnau peiriant yn yr ymosodiad ar Jerwsalem. Ar 9 Rhagfyr roedd ei gwmni ger waliau'r ddinas yn gwarchod y ffordd rhwng Jerwsalem a Jericho. Roedd y Twrciaid wedi symud yn ôl i'r ddinas a chredai Dai Hughes y bydden nhw'n cilio oddi yno petai'r magnelwyr yn saethu atyn nhw. Gorchymyn y Cadfridog Allenby oedd na ddylen nhw saethu *shells* tuag at Jerwsalem gan ei bod yn ddinas sanctaidd.

Ar ôl aros am rai oriau, gwelodd Dai Hughes a'r Cyrnol Vaughan o Gatrawd Sir Gaer fenywod a phlant yn dianc o'r ddinas. Yn eu plith roedd milwyr Twrci. Cytunodd y ddau nad oedd hi'n iawn saethu at y milwyr rhag taro'r mamau a'r plant. Daeth neges o'r pencadlys dros y ffôn yn dweud wrth Dai Hughes am saethu, a hynny ar unwaith. Gwrthododd y Cymro, gan y byddai hynny'n lladd y plant a'r menywod diniwed. Cafodd neges yn dweud y byddai'n cael ei arestio os byddai'n gwrthod gweithredu'r gorchymyn. Gwyddai y gallai gwrthod gwneud hynny arwain at gael ei saethu ar doriad gwawr, ond daliodd ei dir a pharhau i wrthod.

Parhaodd yr ymladd ac er i lawer o ddynion gael eu lladd, llwyddodd y Gatrawd Gymreig i gipio Mynydd yr Olewydd. Ar ôl y frwydr bu achos yn erbyn Dai Hughes. Yn ffodus iddo fe, roedd y Brigadydd wedi trafod y sefyllfa gyda Cyrnol Vaughan ac yn deall pam roedd e wedi gwrthod ufuddhau i'r gorchymyn. Roedd yn gryn ryddhad i'r Cymro pan gafodd ar ddeall bod y mater ar ben. 'We all make mistakes at some time or other,' oedd sylw'r Brigadydd.

Erbyn diwedd y rhyfel roedd ymerodraeth y Twrciaid wedi'i dinistrio, a Phrydain a Ffrainc yn rheoli llawer o diroedd yn y Dwyrain Canol. Cafodd gwledydd newydd eu creu yn y Dwyrain Canol, gan achosi sefyllfa ansefydlog sy'n para hyd heddiw. Yr un pryd, cafodd yr Iddewon addewid am gartref newydd ym Mhalesteina.

*

Roedd milwyr o Gymru yn Salonica, Gwlad Groeg, o 1915 ymlaen. Yno, prif elyn y milwr oedd y mosgito, gan ei fod yn achosi malaria. Aelod o Gorfflu Cyflenwi'r Fyddin (Army Service Corps) yn Salonica oedd un o Gymry Lerpwl, y Preifat **H. Iorwerth Hughes**. Cadwodd ddyddiadur yn ystod ei gyfnod yno ac mae'n cwyno llawer am y tywydd poeth, y prinder dŵr, y pryfetach a'r llygod mawr. Prin y gallai godi brechdan jam i'w geg cyn y byddai pryfed drosti i gyd. Yn gwasanaethu yno hefyd roedd **Ella Richards** o Lambed, nyrs gyda'r Groes Goch, a fu farw o niwmonia yn 1918.

Nod y milwyr yn Salonica oedd ceisio adennill y rhannau o wledydd y Balcan oedd wedi'u concro gan fyddinoedd Bwlgaria ac Awstria-Hwngari. Yn 1918 bu brwydro mawr yn erbyn byddin Bwlgaria ym Macedonia. Cafodd Bataliwn rhif 11 y Gatrawd Gymreig ei dinistrio wrth geisio cipio copa mynydd o'r enw Grand Couronne. Yno roedd y Bwlgariaid wedi sefydlu lle cadarn a dim ond tri o 20 swyddog y bataliwn oedd yn fyw ar ddiwedd y frwydr. Hefyd, cafodd 380 o'r 480 o filwyr traed eu lladd.

*

Oedd, roedd hwn yn rhyfel byd go iawn. Teithiodd y Cymry ifanc yn y fyddin a'r llynges i bedwar ban byd, ond ni ddaeth rhai ohonyn nhw byth adref yn ôl.

PENNOD 9

1917: Pilckem a Passchendaele

YN HAF 1917 ROEDD y Cadfridog Syr Douglas Haig yn awyddus i geisio ennill y rhyfel drwy wneud un ymosodiad mawr ar yr Almaenwyr yng Ngwlad Belg. Ond doedd y Prif Weinidog, Lloyd George, ddim yn cytuno â'r cynllun, na'r Cabinet Rhyfel chwaith. Roedden nhw'n ofni y gallai brwydr o'r fath arwain at laddfa debyg i'r hyn a ddigwyddodd yn y Somme y flwyddyn cynt. Credai'r Cabinet y byddai'n werth aros i'r Unol Daleithiau baratoi eu byddin cyn gwneud ymosodiad o'r fath. Roedden nhw newydd ymuno â'r rhyfel yn Ebrill 1917. Ond roedd byddin Ffrainc dan bwysau unwaith eto, a dadl Haig oedd fod ysbryd milwyr yr Almaen yn isel. Felly, gallen nhw ddod â'r rhyfel i ben gydag un ymosodiad cryf arall. Bu cryn ddadlau, ond Haig a'r arbenigwyr milwrol enillodd y ddadl a chael yr hawl i baratoi'r ymosodiad.

Gobaith Haig oedd cyrraedd pentref o'r enw Passchendaele, tua phedair milltir o'r rhengoedd blaen, a hynny o fewn pedwar diwrnod. Ar bapur, roedd y cynllun yn ymddangos yn rhesymol. Ond doedd Haig a'i swyddogion ddim wedi sylweddoli pa mor gryf oedd amddiffynfa'r Almaenwyr, na chwaith pa mor wlyb a chorsiog oedd y tir.

Dechreuodd y frwydr ar fore 31 Gorffennaf, gyda byddinoedd y Cynghreiriaid yn ymosod ar hyd ffrynt o 15 milltir yn ardal Ypres. Yn eu plith roedd milwyr Cymreig Adran 38, a fu'n ymladd mewn ymosodiad ar Gefn Pilckem, rhwng camlas Yser a phentref Langemark. Yn anffodus, roedd yr holl ffosydd oedd yn draenio'r tir wedi'u chwalu gan y gynnau mawr cyn yr ymosodiad. Ac yn ychwanegol at hynny, trodd y glaw trwm yn ystod cyfnod yr ymosodiad y tir yn gors.

*

Roedd **John M. Davies**, mab fferm o Bonterwyd, Ceredigion, yn y frwydr ar Gefn Pilckem. Sylwodd cyn yr ymosodiad nad oedd neb yn dweud dim: 'pob un yn edrych i lygaid ei gilydd ac Angau yn gwelwi pob wyneb. Yna aros yn y fan honno i ddisgwyl yr alwad; y nerfau'n dynn a'r meddwl yn gwibio i bobman.' Ar ôl brwydro trwm, cafodd cwmni John M. Davies ei alw'n ôl o'r rhengoedd blaen. Ond dim ond John a phedwar arall oedd yn weddill o'r cwmni cyfan. Disgrifiodd yr hyn welodd e: 'Nid oedd na phentref, na thŷ, na mur, na choeden na'r un blewyn glas yn sefyll. Roedd popeth wedi'u chwythu a'u chwalu a phob planhigyn wedi'i ddifa.'

Enillodd dau Gymro, y Corporal **James Llewelyn**

75

Davies a'r Sarjant **Ivor Rees**, fedalau Croes Fictoria am eu dewrder ar Gefn Pilckem ar 31 Gorffennaf. Dim ond un ohonyn nhw ddaeth o'r frwydr yn fyw. Roedd y Corporal James Llewelyn Davies yn dod o bentref Nant-y-moel, Cwm Ogwr, sir Forgannwg, yn dad i bedwar o blant ac yn aelod o'r Ffiwsilwyr Cymreig. Yn ystod bore'r frwydr roedd ei fataliwn wedi cyrraedd ymyl pentref Pilckem ond roedd yr Almaenwyr yn amddiffyn yn gryf. Ar groesfan ger Pilckem roedd yr Almaenwyr yn defnyddio gwn peiriant i saethu at y Cymry o gadarnle concrit (*pillbox*). Aeth James Davies ar ei ben ei hun drwy'r bwledi ac yn wyrthiol llwyddodd i gyrraedd y cadarnle heb gael ei daro. Lladdodd un Almaenwr â'i fidog a dal un arall yn garcharor. Daeth yn ôl at ei gyd-filwyr yn cario'r gwn peiriant gan wneud i'r carcharor gerdded o'i flaen.

Ar gornel yr un groesfan roedd tŷ a gâi ei alw'n Corner House. Roedd yr Almaenwyr yn saethu o'r fan honno hefyd. Arweiniodd James Davies grŵp bach o filwyr oedd yn cario grenadau, a llwyddodd y criw i feddiannu'r adeilad. Yn yr ymosodiad cafodd James Davies ei saethu yn ei ochr, ond roedd yntau wedi saethu'r sneipiwr oedd wedi creu cymaint o drafferth iddyn nhw. Cafodd ei gario i gael triniaeth ond bu farw. Cafodd ei gladdu ym mynwent Canada Farm, Elverdinghe yng Ngwlad

Belg. Ar 20 Hydref 1917 teithiodd ei weddw, ei fab hynaf William John, a'i dad yng nghyfraith i Balas Buckingham i dderbyn Croes Fictoria ar ran y corporal dewr.

Ychydig wedyn roedd y Sarjant Ivor Rees o Felin-foel, Llanelli, yn arwain platŵn o Gyffinwyr De Cymru. Llwyddodd i groesi afon Steenbeck i'r de o Langemark, ond roedd yr Almaenwyr yn saethu atyn nhw o leoedd diogel a chadarn. Arweiniodd Ivor Rees ei blatŵn, gan ruthro'n sydyn a chysgodi pan oedd cyfle. Llwyddodd y platŵn i gyrraedd y tu ôl i'r Almaenwyr. Ivor Rees yn unig a ruthrodd ar hyd yr 20 llath olaf tuag at y cadarnle. Saethodd un Almaenwr a lladd un arall â'i fidog. Yna, aeth ati i ymosod ar gadarnle concrit gerllaw. Lladdodd bum Almaenwr a chymryd dau swyddog a 30 o ddynion yn garcharorion. Ar ôl i Ivor Rees ddod adre cafodd fedal y Groes Fictoria gan y Brenin, ac roedd 20,000 o bobl ar strydoedd Llanelli i'w groesawu.

Er llwyddiant a dewrder y ddau yma ac eraill, chafodd y Cymry ddim llawer o lwyddiant fel arall. Yn ystod y prynhawn ar 31 Gorffennaf ymosododd yr Almaenwyr a gwthio'r Cymry yn ôl i ochr arall afon Steenbeck. Ar 2 Awst, cafodd Cyffinwyr De Cymru, oedd wedi colli 350 o filwyr, eu tynnu yn ôl o'r rhengoedd blaen.

*

O'r holl filwyr Cymreig a laddwyd ar Gefn Pilckem ar 31 Gorffennaf, colli'r Preifat **Ellis Humphrey Evans** sydd wedi denu'r sylw mwyaf.

Mab fferm o Drawsfynydd oedd Ellis Humphrey Evans, bardd addawol a gâi ei adnabod fel Hedd Wyn. Ymunodd â'r fyddin yn Ionawr 1917 ac yn ôl milwyr eraill o'r Ffiwsilwyr Cymreig roedd yn 'fachgen clên, distaw o Feirion'. Ar fore 31 Gorffennaf roedd Hedd Wyn yn rhan o'r ymosodiad i gipio safle rhwng Pilckem a phentref Langemark, yn ymyl lle o'r enw Iron Cross. Yn ystod y brwydro cafodd Hedd Wyn ei daro yn ei gefn gan belen dân. Gorweddodd wedi'i glwyfo'n ddrwg am dair awr, gan nad oedd modd i'r cludwyr ei gyrraedd. Yn y diwedd cafodd driniaeth, ond bu farw yn fuan wedi hynny a'i gladdu gerllaw. Yn ddiweddarach, cafodd ei gorff ei symud a'i gladdu ym mynwent Artillery Wood, yn agos i Boezinge yng Ngwlad Belg.

Cyn y frwydr, roedd Hedd Wyn wedi anfon awdl ar y testun 'Yr Arwr' i gystadleuaeth y Gadair yn Eisteddfod Genedlaethol Penbedw 1917. Ei ffugenw oedd Fleur-de-Lys. Cyrhaeddodd diwrnod seremoni cadeirio'r bardd. Cyhoeddodd yr Archdderwydd ffugenw'r bardd buddugol, sef Fleur-de-lys, ond gwyddai ef a swyddogion yr Eisteddfod fod y bardd wedi'i ladd bum wythnos cyn hynny. Mewn tristwch a galar dwfn, gosododd yr Archdderwydd liain du dros y gadair wag. O ganlyniad caiff Hedd Wyn ei adnabod fel 'Bardd y Gadair Ddu'.

Ar ôl y rhyfel cafodd cofeb ei chodi i Hedd Wyn yn Nhrawsfynydd ac mae ei gartref, yr Ysgwrn, ar agor i'r cyhoedd. Erbyn hyn, yr Ymddiriedolaeth Genedlaethol sy'n berchen ar yr Ysgwrn. Mae cerddi a chofiannau wedi'u hysgrifennu amdano a gwnaed ffilm am ei fywyd. Daeth 'Bardd y Gadair Ddu' yn symbol o greulondeb rhyfel. Mae ei fywyd yn awgrymu hefyd mai'r diniwed sy'n dioddef.

*

Bu brwydro yn ardal Ypres drwy gydol hydref 1917. Roedd ymosod ar dir llithrig a thrwm yn anodd iawn, ac am wythnosau bu'r milwyr yn gwneud eu gorau dan amodau gwael i ymosod. Fel ar y Somme, cafodd llawer eu lladd ac eraill eu boddi wrth iddyn nhw gysgodi mewn tyllau a'r rheini'n llenwi'n gyflym â dŵr. O'r diwedd, ar ôl brwydro caled a cholli dros 300,000 o filwyr, llwyddon nhw i gyrraedd pentref Passchendaele. Digwyddodd hynny ar ôl pedwar mis o ymladd, yn hytrach na phedwar diwrnod.

PENNOD 10
1918: Y flwyddyn olaf

YN YSTOD 1917 BU chwyldro yn Rwsia. Dan arweiniad Lenin cafodd y Comiwnyddion wared ar y Tsar Nicholas a chreu llywodraeth gomiwnyddol. Doedd y llywodraeth newydd ddim eisiau parhau â'r rhyfel, felly ym mis Mawrth 1918 daethon nhw i gytundeb â'r Almaen a– rhoi'r gorau i ymladd. O ganlyniad gallai'r Almaenwyr symud miloedd o'u milwyr o'r ffin â Rwsia i'r ffrynt gorllewinol. Erbyn diwedd gwanwyn 1918 roedd ganddyn nhw 192 o adrannau ar y ffrynt, o'i gymharu â 156 gan y Cynghreiriaid. Gwyddai'r Almaenwyr na fyddai'r fantais hon yn para oherwydd bod y Cynghreiriaid ar fin cael mwy o gymorth gan fyddin yr Unol Daleithiau. Er bod yr Unol Daleithiau wedi ymuno â'r rhyfel ar ochr y Cynghreiriaid ers Ebrill 1917, dim ond tua 28,000 o filwyr Americanaidd oedd wedi cyrraedd Ewrop erbyn Mawrth 1918. Ond byddai llawer mwy yn dod – digon i ennill y rhyfel.

Felly, dan arweiniad y Cadfridog Ludendorff, cynlluniodd yr Almaenwyr i ymosod ar y ffrynt gorllewinol ym Mawrth 1918 er mwyn ceisio ennill y rhyfel cyn i fwy o Americanwyr gyrraedd.

Ymosodon nhw ar rannau o'r ffrynt gorllewinol yr oedd y Prydeinwyr yn eu hamddiffyn er mwyn eu gwanhau, a'i gwneud hi'n haws wedyn iddyn nhw guro'r Ffrancwyr.

Er bod y Cynghreiriaid yn disgwyl ymosodiad, doedden nhw ddim yn gwybod ble yn union fyddai hwnnw. Wnaethon nhw ddim paratoi yn ddigon gofalus ar ei gyfer. Doedd gan y gwleidyddion, yn arbennig Lloyd George, ddim ffydd yn Syr Douglas Haig fel arweinydd. Credai Lloyd George ei bod yn bosib ennill y rhyfel yn yr Eidal a'r Dwyrain Canol, yn hytrach na thrwy ymosod ar y ffrynt gorllewinol. O ganlyniad i'r ansicrwydd hwn, chafodd y fyddin ddim ei chryfhau yn y mannau lle daeth yr ymosodiadau mwyaf.

Dechreuodd ymosodiad y 'Kaiserschlacht' (brwydr yr ymerawdwr) ar 21 Mawrth yn ardal y Somme, wrth i ynnau mawr yr Almaenwyr saethu'n ddi-stop. Chwalwyd rhwydwaith cyfathrebu milwyr Prydain, a llawer o'u magnelau hefyd. Cafodd nwy ei ddefnyddio, a daeth niwl trwchus. Roedd hwnnw'n fwy o help i'r Almaenwyr wrth iddyn nhw ymosod na'r rhai oedd yn ceisio amddiffyn. Roedd hi'n anhrefn llwyr ymysg milwyr Prydain.

Ar fore 23 Mawrth, gwyliai'r Corporal **Wilfred Bowden** o Abercynon filoedd o Almaenwyr yn dod at ei gilydd ryw ddwy neu dair milltir oddi wrtho ar Linell Hindenburg (llinell amddiffyn yr Almaenwyr). Yn amlwg roedden nhw'n paratoi i ymosod, ond roedd byddin Prydain yn araf yn ymateb. Roedd Bowden yn gyfrifol am chwech o ddynion yn y ffosydd. Roedd un o'r chwech yn credu y dylen nhw symud yn ôl ar frys, ond barn y gweddill oedd fod yn rhaid iddyn nhw aros am y gorchymyn. O'r diwedd, daeth hwnnw. Roedd y broses o symud yn ôl yn araf am fod ffrwydron yn disgyn yng nghanol y ffosydd.

Yna, dechreuodd milwyr traed yr Almaen ymosod. Gwelodd Bowden ddwy helmed Almaenig yn un o'r ffosydd yn ei ymyl ac aeth tuag atyn nhw gyda'r bwriad o daflu bomiau Mills (*grenades*) i'w cyfeiriad. Ac yntau ar ei ben ei hun ac yn crynu mewn ofn, daeth o hyd i'r ddau Almaenwr, yn edrych mor ofnus ag e. Trawodd un ohonyn nhw â'i reiffl a llwyddo i ddianc oddi yno.

Wrth iddo geisio dianc, clywodd lais yn gweiddi, 'Wilf, helpa fi.' Edrychodd, a gweld ei ffrind, y Corporal **Ossie Jones** yn gorwedd wedi'i anafu. Allai Ossie ddim codi. Ceisiodd Bowden gario'i ffrind i ddiogelwch, ond roedd Ossie Jones yn fwy na Bowden ac yn rhy drwm iddo. Methodd ei gario am fwy na deg llath. Wrth ei ollwng i'r llawr dywedodd wrtho, 'Mae'n flin gen

i, Oss, alla i fyth â gwneud mwy. Maen nhw yma.'
Yna cafodd Bowden ei daro yn ei ben a syrthiodd
yn anymwybodol.

Pan ddaeth ato'i hun, gwelodd ei fod wedi'i
saethu drwy ei wddf a'i fod wedi'i ddal yn
garcharor gan yr Almaenwyr. Treuliodd weddill y
rhyfel mewn carchar rhyfel cyn dychwelyd i Gwm
Cynon yn Rhagfyr 1918.

Cafodd nifer fawr o filwyr eu dal gan yr
Almaenwyr yn ystod gwanwyn 1918. Un arall a
orffennodd y rhyfel yn garcharor oedd y Preifat
David (Dai) T. Sayce o Nantyffyllon, sir Forgannwg.
Sapper oedd Dai ac roedd e a thri arall yn cloddio
ffos amddiffynnol yng nghanol ymosodiad yr
Almaenwyr. Pan gafodd dau o'r rhai oedd yn
cloddio eu saethu ceisiodd Dai Sayce ddianc, ond
cafodd ei saethu yn ei gefn ac aeth y fwled drwy
ei fol. Llwyddodd i rwymo'r anaf â chadach. Wrth
wneud hynny cafodd ei ddal gan yr Almaenwyr,
oedd yn ei alw yn 'Tommy Englander', a'i gludo i
ysbyty'r Almaenwyr gerllaw.

Ar y ffordd yno, daeth ar draws milwyr
Almaenig meddw a dechreuodd y criw ei daro
dro ar ôl tro â'u gynnau. Yn ffodus i Dai Sayce,
gwelodd Almaenwr caredig beth oedd yn digwydd
a dod i'w achub. Cafodd gymorth Almaenwr
arall, oedd hefyd wedi'i anafu, i gyrraedd gwersyll
i filwyr oedd wedi'u clwyfo yn Mons. Chafodd

e ddim triniaeth feddygol yno, ond roedd y milwyr yn ceisio helpu ei gilydd. Ar ôl iddo gael ei drosglwyddo i garchar Marsberg bu'n gweithio ar ffermydd lleol tan ddiwedd y rhyfel.

*

Roedd yr ymosodiad gan filwyr traed yr Almaenwyr yn un cyflym. Mewn ychydig ddyddiau cipiodd yr Almaenwyr yr holl diroedd roedden nhw wedi'u colli ym mrwydrau'r Somme yn 1916, gan gynnwys Coedwig Mametz. Daeth ymosodiadau pellach yn ardal Armentières, yn ymyl Lille, ym mis Ebrill, ac yna ar afon Aisne ym Mai a Mehefin.

Cafodd y Brigadydd **Hubert Conway Rees**, mab ficer Conwy, ei ddal ar 27 Mai wrth i'w frigâd gael ei hamgylchynu gan ymosodiad annisgwyl yr Almaenwyr. Cafodd e a dau swyddog orchymyn i fynd i mewn i gar, a'u gyrru i dref Craonne. Ar ôl cyrraedd yno, roedd yn rhaid i'r tri gerdded i fyny i dir gwastad i gwrdd â rhywun pwysig. Roedden nhw'n ofni y bydden nhw'n cael eu bychanu gan un o arweinwyr yr Almaen. Ond dywedodd un o swyddogion yr Almaenwyr wrthyn nhw, 'Pan fyddwch yn cyrraedd y brig, byddwch yn gweld Ei Fawrhydi Ymerodrol, y Kaiser, sy'n dymuno siarad â chi.'

Yn ôl Hubert Rees, roedd y Kaiser yn dawel ac yn edrych yn flinedig. Disgrifiodd ei sgwrs â'r Kaiser fel hyn:

Gofynnodd i mi nifer o gwestiynau ynghylch fy hanes personol, ac wedi iddo ddarganfod fy mod yn Gymro dywedodd, 'Yna rydych o'r un tylwyth â Lloyd George.' Ni ofynnodd unrhyw gwestiynau na allwn eu hateb heb ddatgelu gwybodaeth. Ni wnaeth unrhyw ymgais i sicrhau gwybodaeth bwysig. Yn y man, meddai, 'Ni ddylai eich gwlad a ninnau fod yn ymladd yn erbyn ein gilydd. Dylem fod yn ymladd gyda'n gilydd yn erbyn trydedd gwlad. Doedd gen i ddim syniad y byddech yn ymladd yn f'erbyn i. Roeddwn yn gyfeillgar iawn gyda'ch teulu brenhinol, yr wyf yn perthyn iddynt. Mae hynny, wrth gwrs, wedi newid i gyd bellach.'

Yn ôl Hubert Rees, gwnaeth y Kaiser sylw am gasineb y Ffrancwyr tuag at yr Almaen, ac yna gofyn, 'A yw Lloegr yn dymuno heddwch?' 'Mae pawb yn dymuno heddwch,' oedd ateb y Cymro. Yna, ar ôl dweud iddyn nhw fod yn llwyddiannus y diwrnod cynt, dywedodd. 'Gwelais rai o'ch dynion, sydd wedi cael eu cymryd yn garcharorion; roeddent yn edrych fel pe baent wedi bod drwy awr ddrwg. Roedd llawer ohonynt yn ifanc iawn.' Yna, rhoddodd arwydd bod y cyfweliad ar ben.

Yn ôl Hubert Rees, 'Siaradai Saesneg heb ddim acen bron.' Bu Hubert Conway Rees yn garcharor tan fis Rhagfyr 1918 ac ymddeolodd o'r fyddin yn 1922.

*

Er iddyn nhw ennill nifer o frwydrau tactegol yng ngwanwyn 1918, doedd gan yr Almaenwyr ddim digon o nerth i orffen y gwaith. Ar ben hynny, erbyn canol yr haf roedd tua 300,000 o Americanwyr yn cyrraedd y ffrynt bob mis. Newidiodd hynny gwrs y rhyfel, wrth i ysbryd byddin yr Almaenwyr wanhau.

Ar 8 Awst, dan arweiniad 456 o danciau, trawodd byddin Prydain linellau'r Almaenwyr yn annisgwyl i'r dwyrain o Amiens. Enillon nhw wyth milltir arall o dir, gan dorri calon yr Almaenwyr. Disgrifiodd y Cadfridog Ludendorff y diwrnod hwnnw fel 'diwrnod du' byddin yr Almaen. Ar ôl hynny cafodd yr Almaenwyr eu gwthio yn ôl mewn brwydrau ffyrnig ond costus. Llwyddodd y Cynghreiriaid i dorri drwy Linell Hindenburg, lle roedd safleoedd amddiffyn cryf yr Almaenwyr. Roedd milwyr Adran 38 (Gymreig) yn flaenllaw ym mrwydrau Ancre, Gouzeaucourt, Villers-Outréaux, Selle a Choedwig Mormal yn ystod y cyfnod hwn.

Ar 19 Hydref 1918 roedd y Preifat **William T. Williams**, Llanllechid, sir Gaernarfon, ymhlith y milwyr a gipiodd ddinas Courtrai, i'r dwyrain o Ypres, Gwlad Belg. Disgrifiodd ryddhad pobl Courtrai pan welson nhw'r fyddin Brydeinig yn cyrraedd:

Bu y ddinas yma a'r trigolion yn nwylaw y gelyn am dros bedair blynedd, ac fe synnech mor falch oeddynt o weled y milwyr Prydeinig. Yr oeddynt bron yn ein haddoli... mae'r ystrydoedd heirdd yma yn fflagiau i gyd... mae'r bobl yma wedi ddioddef. Maent heb weled cig na chaws ers misoedd. Maent yn llawen iawn yn awr, ac yn gwisgo rhubanau heirdd i ddathlu'r fuddugoliaeth. Mae y gelyn yn cilio yn ôl bron bob dydd, ac yn chwythu pob pont a phob ffordd ar ei ôl, fel y mae yn anodd iawn eu dilyn, yn enwedig gyda'r gynnau mawr yma.

*

Er llwyddiant y Cynghreiriaid, roedd y colledion yn anferth. O'r 1.2 miliwn o filwyr ym myddin Prydain a'r Ymerodraeth cafodd 360,000 eu lladd rhwng mis Awst a mis Tachwedd 1918. Daeth y colledion hyn o ganlyniad i ymladd ar dir agored yn hytrach na brwydro o'r ffosydd fel yn y blynyddoedd cynt. Collodd tua 3,800 o aelodau'r catrodau Cymreig eu bywydau rhwng mis Awst a mis Tachwedd 1918.

*

Erbyn yr hydref roedd y sefyllfa economaidd a chymdeithasol o fewn yr Almaen yn wan iawn, a bu protestio ar y strydoedd. Ildiodd y Kaiser ei safle fel ymerawdwr a dianc i'r Iseldiroedd. Gyda byddin yr Almaen yn colli'r dydd, penderfynodd llywodraeth yr Almaen ildio. Ar 11 Tachwedd daeth y rhyfel i ben, ac arwyddodd y ddwy ochr y cadoediad yn Compiègne, ger Paris. Er mai'r Cynghreiriaid oedd wedi ennill y rhyfel, roedden nhw wedi talu cost enfawr mewn bywydau.

PENNOD 11

Heddwch a chofio

BORE OER A BARUGOG oedd dydd Llun, 11 Tachwedd 1918, ar y ffrynt gorllewinol. Roedd y milwyr yn nerfus, ac yn ofni colli eu bywydau y diwrnod hwnnw o bob diwrnod gan eu bod yn gwybod na fyddai'n rhaid iddyn nhw ymladd ar ôl hynny. Pan ddaeth y newyddion y byddai'r rhyfel yn dod i ben am 11 y bore, safodd milwyr Catrawd Mynwy, yn ôl Sarjant **Walter Sweet**, wedi'u drysu a'u syfrdanu. Ond am 11 o'r gloch bu bloeddio a dathlu mawr.

Gartref, pan ddaeth y newyddion am y cadoediad, canodd clychau'r eglwysi a chafodd gwasanaethau o ddiolch eu trefnu. Roedd yn ddydd Llun Ffair Pen-tymor ym Mhwllheli, diwrnod pwysig pan fyddai gweithwyr yn arfer cael eu cyflogi. Yn ôl papur newydd *Yr Udgorn* cafodd heddwch ei groesawu â breichiau agored a bloeddio. Tawelach oedd yr ymateb yn Nyffryn Conwy, yn ôl gohebydd *Y Dinesydd*. Cafodd y newyddion eu derbyn yn llawen, er na fu bloeddio na gweiddi yn unlle, a diolchodd llawer un yn ei galon fod y rhyfel ofnadwy drosodd. Roedden nhw'n ystyried na fyddai'n hawdd i'r rhai oedd

89

wedi colli'u gwŷr a'u plant weiddi 'Hwrê' na 'Haleliwia'.

*

Pan ddaeth y rhyfel i ben, roedd Cymru'n dioddef o effeithiau ffliw pandemig a laddodd rhwng 40 a 50 miliwn o bobl ar draws y byd – chwe gwaith mwy na'r nifer a gafodd eu lladd yn y rhyfel. Roedd y Preifat **Isaac Richards** o Frychdyn, ger Wrecsam, wedi ymladd yn y rhyfel am bedair blynedd heb anaf. Ond cafodd ei daro gan y ffliw ym mis Hydref 1918 a bu farw yn Ysbyty Milwrol Wrecsam.

Bu farw dros 150,000 yng Nghymru a Lloegr o'r ffliw, gyda thrigolion sir Gaernarfon yn dioddef yn fwy na'r un sir arall yng Nghymru. Yno bu farw 607 o bobl. Meddai un o drigolion Llanberis yn yr *Herald Cymraeg* ar y pryd: 'Rydym yn byw mewn dyddiau enbyd yn ofni bob munud o'r dydd glywed am farw rhai o'n cymdogion a'n cyfeillion.'

*

Aeth rhai misoedd heibio cyn i lawer o'r milwyr ddychwelyd i Gymru o'r rhyfel. Arhosodd rhai catrodau mewn gwersylloedd yn yr Almaen am gyfnod, gan gynnwys ail fataliwn Cyffinwyr De Cymru. Un ohonyn nhw oedd y Preifat **David G. Lloyd**, gwas fferm o Bwlchgyfyng, Llanfihangel-y-Pennant, sir Feirionnydd.

Ysgrifennodd at ei weinidog yn Bwlch, Rhoslefain, ar noswyl Nadolig 1918: 'Yr ydym wedi gael gwell groesaw gan drigolion gwlad Germani nag oeddym yn ddisgwil, maent yn llawenhau gymaint a ninau fod diwedd wedi dod ar "gyflafan Ewrop".' Ei obaith oedd fod y rhyfela wedi dod i ben 'am ganrifoedd... Daw y byd i drefn eto, gan bwyll, ac yn well byd, tebyg iawn.'

Gorffennodd ei lythyr drwy ddyfynnu cwpled gan y bardd Gwilym Hiraethog:

Segurdod yw clod y cledd
A rhwd yw ei anrhydedd.

*

Dechrau 1919 roedd rhai cannoedd o filwyr o Ganada yn aros yng ngwersyll Parc Cinmel, ger Abergele. Roedd y milwyr yn anfodlon iawn fod rhai wedi cael mynd adref ond eu bod nhw'n gorfod aros yno a byw dan amodau gwael. Ar 5 Mawrth 1919 aeth rhai o'r milwyr ati i ddwyn bwyd a diod o ffreutur y gwersyll. Yn ystod yr helynt lladdwyd pump o filwyr a chafodd 57 eu harestio am achosi'r helynt a'u cludo i garchar Lerpwl. Bu'n rhaid i 51 ohonyn nhw fynd o flaen cwrt marsial a chosbwyd rhai ohonyn nhw, ond chafodd neb ei gyhuddo o achosi marwolaeth y pum milwr.

*

Yn ystod yr wythnosau ar ôl y rhyfel byddai cyfarfodydd croeso'n cael eu cynnal yn lleol i'r milwyr yn eu cymunedau wrth iddyn nhw ddod adref. Er hynny, dim ond ar ôl i'r cytundeb heddwch gael ei arwyddo yn Versailles ar 28 Mehefin 1919 y cafodd Diwrnod Heddwch Cenedlaethol ei drefnu'n swyddogol. Bu dathliadau ar hyd a lled y wlad ar y diwrnod arbennig hwnnw, sef 9 Gorffennaf. Yn Nolgarrog, Dyffryn Conwy, bu gorymdaith drwy'r ardal, yn cael ei harwain gan fand pres a cherbydau carnifal. Ar un ohonyn nhw roedd caets â delw o'r Kaiser Wilhelm ynddo. Ar ddiwedd y daith yn Nhal-y-bont cafodd pen y ddelw ei dorri gan un o'r trigolion.

*

Mewn araith yn Wolverhampton ar 23 Tachwedd 1918, cyhoeddodd y Prif Weinidog, David Lloyd

George, mai ei nod oedd sefydlu 'gwlad addas i arwyr fyw ynddi'. Ond er y neges obeithiol hon, siom gafodd llawer ar ôl y rhyfel. Mae sylwadau'r cyn-filwr **Francis Buller Thomas** o Fethesda yn dangos y siom honno: 'Cawsom addewidion disglair iawn gan y Prif Weinidog, Dafydd Lloyd George. Soniai am rhyw "land fit for heroes". Ond o brofiad, cardota, gwerthu careiau esgidiau a matches fu'n rhaid i ni fel "heroes" ei wneud.'

Roedd rhai cyn-filwyr yn gwrthod siarad am eu profiadau yn y rhyfel ond mae'n amlwg fod eu cyfnod yn y ffosydd yn fyw yn eu meddyliau. Byddai rhai milwyr yn cael breuddwydion cas ac yn dioddef yr un hunllef dro ar ôl tro. Roedd eraill yn dioddef o'r hyn sy'n cael ei alw heddiw yn Post-traumatic Stress Disorder.

Roedd rhai milwyr yn teimlo bod eu bywydau wedi'u dinistrio gan y rhyfel. Eto, gwelai llawer o gyn-filwyr y rhyfel fel y profiad mwyaf cyffrous yn eu bywydau, ac mai llwm iawn oedd eu bywydau wedi hynny. Cael peint yng nghlwb y Lleng Brydeinig (British Legion) a sgwrsio am yr hen ddyddiau fydden nhw, a mynd i ambell aduniad weithiau.

*

Ar ôl y rhyfel, codwyd cofgolofnau ar hyd a lled

Ewrop i goffáu'r meirw, yn ogystal â neuaddau coffa ac ysbytai coffa mewn sawl man. Ar fryncyn yn wynebu Coedwig Mametz yn Ffrainc yn 1987 codwyd draig goch o ddur o waith y cerflunydd David Petersen i goffáu'r Cymry a gafodd eu lladd yno yn 1916. Ers Awst 2014, mae cofeb newydd ger Langemark, Gwlad Belg, i gofio'r holl Gymry, dros 30,000 ohonyn nhw, a gafodd eu lladd yn y rhyfel.

Hyd heddiw, ar 11 Tachwedd bob blwyddyn, rydyn ni'n cofio'r rhai a gafodd eu lladd. Wrth fynd i'r seremonïau ar Sul y Cofio dros y blynyddoedd, mae'r teuluoedd sydd wedi colli aelod o'r teulu'n gallu cysuro'u hunain fod rhoi bywyd yn aberth dros achos teilwng yn haeddu cael ei gofio. Er hynny, mae'n anodd gwadu gwirionedd llinell mewn cerdd gan y bardd Wilfred Owen sy'n dweud mai hen gelwydd yw'r geiriau 'melys a gweddus yw marw dros eich gwlad'.

Mae'r 'cofio' felly'n parhau, ond mae tuedd i gamddefnyddio profiadau 1914–1918 er mwyn elw gwleidyddol. Wnaeth neb ennill yn y pen draw, a methu wnaeth ymdrech yr arweinwyr newydd ar ôl y rhyfel i greu heddwch parhaol yn y byd. O fewn ugain mlynedd, roedd gwledydd mawr y byd yng ngyddfau ei gilydd unwaith eto.

Hefyd o'r Lolfa:

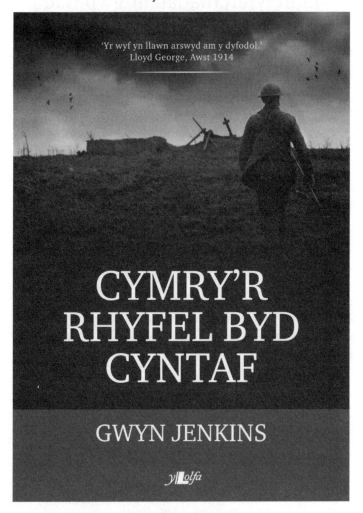

'Yr wyf yn llawn arswyd am y dyfodol.'
Lloyd George, Awst 1914

CYMRY'R RHYFEL BYD CYNTAF

GWYN JENKINS

y Lolfa

"Dyma gyfrol i'w thrysori, i'w threulio,
ac i droi ati eto ac eto, drosodd a thro."
Tudur Huws Jones, *Yr Herald Cymraeg*

£19.95 (clawr caled)

Llongyfarchiadau ar gwblhau un o lyfrau Stori Sydyn 2015

Mae prosiect Stori Sydyn, sy'n cynnwys llyfrau bachog a byr, wedi'i gynllunio er mwyn denu darllenwyr yn ôl i'r arfer o ddarllen, a gwneud hynny er mwynhad. Gobeithiwn, felly, eich bod wedi mwynhau'r llyfr hwn.

Hoffi rhannu?

Gall eich barn chi wneud y prosiect hwn yn well. Nawr eich bod wedi darllen un o lyfrau'r gyfres Stori Sydyn, ewch i www.darllencymru.org.uk i roi eich sylwadau neu defnyddiwch #storisydyn2015 ar Twitter.

Pam dewis y llyfr hwn?

Beth oeddech chi'n ei hoffi am y llyfr?

Beth yw eich barn am y gyfres Stori Sydyn?

Pa Stori Sydyn hoffech chi ei gweld yn y dyfodol?

Beth nesaf?

Nawr eich bod wedi gorffen un llyfr Stori Sydyn – beth am ddarllen un arall? Edrychwch am deitlau eraill o gyfres Stori Sydyn 2015.

Bryn y Crogwr – Bethan Gwanas

Ar dy feic – Phil Stead

O'r llinell biced i San Steffan: Newid byd Siân James A.S.

– Siân James gydag Alun Gibbard